iPhone iOS 26

Für Einsteiger ohne Vorkenntnisse

Verlag:
BILDNER Verlag GmbH
Bahnhofstraße 8
94032 Passau

http://www.bildner-verlag.de
info@bildner-verlag.de

ISBN: 978-3-8328-0716-0
Bestellnummer: 0734

Autorinnen: Daniela Hausner, Anja Schmid
Herausgeber: Christian Bildner

Druck: CPI Clausen & Bosse GmbH, Birkstr. 10, 25917 Leck

Inhaltsverzeichnis

Vorwort 10

Was ist iOS? 10
SIM-Karte kaufen 10
Nutzung von WLAN und mobilen Netzen 15
Nützliches Zubehör 15
Über dieses Buch 16

Spickzettel 18

Bedienelemente am Gehäuse 30

1 iPhone einrichten und loslegen 31

1.1 SIM-Karte einlegen und Einrichtung starten 31

1.2 Der Apple Account 34

Apple Account im Einrichtungsprozess erstellen 34
Apple Account nachträglich hinzufügen 35

1.3 iPhone-Oberfläche & Steuerung 36

Sperrbildschirm 36
Home-Bildschirm 37
App-Mediathek 38
Navigation via Gesten 38
Heute-Ansicht 40
Sprachassistentin Siri 40

1.4 App suchen, anzeigen und wechseln 41

Erstes Starten einer App 42
Einstellungen aufrufen 43
Weitere App öffnen und wechseln 44
Kleine App-Auswahl für den täglichen Gebrauch 45

1.5 KI-Unterstützung aktivieren 47

1.6 Bildschirmtastatur verwenden 48
Buchstaben, Sonderzeichen & Co. 50
Texterkennung 51
Emojis bebildern Gefühle 52
Text mittels Spracheingabe 53
Tastatureinstellungen 53
Besser schreiben mit KI 54

1.7 Statusleiste: Mitteilungszentrale & Kontrollzentrum 56
Kontrollzentrum verstehen und ändern 58
Benachrichtigungen in der Mitteilungszentrale 59
Dynamic Island 60

1.8 iPhone aus- und einschalten 61

2 Das iPhone schützen 62

2.1 Displaysperre mit Code 62
2.2 Gesichtserkennung aktivieren 63
2.3 Das verlorene iPhone orten 65

3 Das iPhone personalisieren 67

3.1 Automatische Sperre festlegen 67
3.2 Schriftgröße bestimmen und Helligkeit anpassen 68
3.3 Eigenes Hintergrundbild auswählen 70
3.4 Klingelton einstellen 71
3.5 Alles rund um den Home-Bildschirm 71
Home-Bildschirm aufräumen 72
Design und Farbe von Apps ändern 73

3.6 Widgets verwenden 74
Wetter-Widget 75
Erinnerungen-Widget 76

3.7 Sperrbildschirm anpassen ... 77
Hintergrundbild einstellen ... 77
Widget-Felder bearbeiten ... 79
3.8 Kontrollzentrum personalisieren ... 80
3.9 Standby: Nützliche Informationen im Querformat ... 81
Standby-Modus aktivieren ... 82
3.10 Mitteilungen und Berechtigungen ... 84
Mitteilungen verwalten ... 84
Berechtigungen kontrollieren ... 85

4 Alles rund um Apps ... 86

4.1 App im App Store finden und installieren ... 86
4.2 App löschen ... 91
4.3 Updates ... 92
Softwareupdate ... 92
Apps aktualisieren im App Store ... 95

5 Tatsächlich telefonieren ... 97

5.1 Das Adressbuch verwalten ... 97
Kontakte abspeichern ... 97
Kontakte bearbeiten und löschen ... 99
Kontakt favorisieren ... 100
Hilfe im Notfall ... 101
5.2 Freunde und Familie anrufen ... 102
5.3 Anruf annehmen oder nicht? ... 105
5.4 Telefonieren ohne Sprachprobleme ... 106

6 Nachrichten und Fotos versenden 108

6.1 iMessage und SMS 108

6.2 Über E-Mail kommunizieren 112

Neue E-Mail lesen und beantworten 112
Neue E-Mail schreiben 114
Foto oder Video versenden 114
E-Mail löschen oder widerrufen 114

6.3 Nachrichten über WhatsApp 115

WhatsApp einrichten 115
Eine Nachricht versenden 117
Fotos/Videos versenden 118
Sprachnachricht verschicken 119
Sprach- und Videoanrufe 120
Den cleveren Assistenten Meta AI nutzen 120

6.4 Nachrichten in Echtzeit übersetzen lassen 121

7 Fotos und Videos 122

7.1 Fotos und Videos aufnehmen 122

Übersicht der Bedienoberfläche 122
Fotos knipsen 122
Auswahl des Seitenverhältnisses 124
Blitz einschalten 125
Video aufnehmen 125
Interessante Aufnahmemodi 126

7.2 Die Fotos-App 128

Übersicht der Bedienoberfläche 128
Bilder in der Einzelansicht anzeigen 129
Hintergrund entfernen 129
Bilder bearbeiten 130
Videos abspielen 132
Bilder und Videos löschen 133

7.3 Eigene Bilder mit KI erstellen 135

8 Merken und erinnern 137

8.1 Termine im Griff mit der Kalender-App 137

Termin eintragen 138
Termine bearbeiten oder löschen 139

8.2 Die App Uhr 140

Vom Smartphone geweckt werden 140
Das Smartphone als Eieruhr 143

8.3 Einkaufslisten und andere Notizen 144

Notiz erstellen 144
Notiz betrachten, bearbeiten und löschen 145
Notiz zu einem Foto erstellen 145
Screenshot erstellen 146

9 Gesucht & Gefunden 148

9.1 Im Internet mit Safari surfen 148

9.2 Die Fotos-App erkennt Sehenswürdigkeiten 150

9.3 YouTube - das Videoportal 151

Alles zum Thema Lautstärke 154

10 Verbindungen herstellen 155

10.1 Fotos auf den Computer übertragen 155

10.2 Smartphone mit einem WLAN verbinden 157

10.3 Zubehör über Bluetooth koppeln 158

11 Unterwegs und im Urlaub 160

11.1 Navigation mit der Karten-App 160

Eine Route festlegen 160
Offlinewegbeschreibungen 161

11.2 Mit der Bahn verreisen 163

11.3 Das Wetter im Blick haben 164

11.4 Was sollten Sie im Ausland beachten.............................. 165

Was ist mit Roaming oder Daten-Roaming gemeint? 166
Daten-Roaming aktivieren bzw. deaktivieren 166
Flugmodus 167

12 Daten übertragen 169

Vorbereitung 169
Back-up 169
Daten über ein iCloud-Backup übertragen 171
Mit der Schnellstart-Funktion Daten übertragen 172
Smartphone zurücksetzen 173

Glossar 174

Index 183

Vorwort

Wir möchten Ihnen die wichtigsten Einstellungen, Apps und Einsatzmöglichkeiten Ihres Apple iPhones mit iOS 26 näherbringen. Wir starten mit der Einrichtung Ihres Smartphones, erklären grundlegende Einstellungen und zeigen Ihnen im Laufe des Buchs, wie das Smartphone zum täglichen, hilfreichen Begleiter werden kann.

Was ist iOS?

iOS ist das Betriebssystem Ihres iPhones. Es bildet die Plattform zur Speicherung der Apps und zur Ausführung aller Gerätefunktionen.

Das Betriebssystem iOS 26 ist seit Herbst 2025 auf dem Markt. Apple hat die Versionsnummern an das Jahr angepasst, daher heißt die neueste Version iOS 26. Frühere Versionen wurden einfach nummeriert, wie iOS 17 oder iOS 18. Die neue Version ist für folgende Modelle verfügbar: iPhone SE (ab 2. Generation) und alle Modelle ab iPhone 11 bis iPhone 17.

SIM-Karte kaufen

Neben dem Handy benötigen Sie noch eine SIM-Karte. Diese dient der Authentifizierung im Netz. Nur mit einer SIM-Karte können Sie telefonieren, unterwegs im Internet surfen, also kurz Ihr Smartphone sinnvoll nutzen. Dieses Kapitel umreißt grob Ihre Möglichkeiten beim Kauf einer SIM-Karte, erhebt aber keinen Anspruch auf Vollständigkeit.

Grundsätzlich sind zwei Arten von Verträgen zu unterscheiden: Laufzeitvertrag und Prepaid-Karte. Sie können sich in einem der vielen Telekommunikationsgeschäften oder Elektrofachmärkten beraten lassen und dort einen Vertrag abschließen. Natürlich ist auch eine Bestellung im Internet möglich, dann erhalten Sie die SIM-Karte und die weiteren Informationen per E-Mail und Post. Letztendlich können Sie auch eine Prepaid-Karte in einem Supermarkt oder Elektrofachmarkt mitnehmen. Unternehmen wie Telekom, Vodafone, O2 oder 1&1 bieten meist beide Optionen an, also Verträge mit einer Mindestlaufzeit und Prepaid-Tarife.

Laufzeitvertrag: Hier entscheiden Sie sich für ein Angebot aus Datenvolumen (für Internet, WhatsApp etc.) und Kosten für Telefonate/SMS. Zusätzlich wird meist ein einmaliger Bereitstellungsbetrag fällig. Oftmals werden Telefonate und das Versenden von SMS als „Flat" ausgewiesen, d. h. egal wie viele Anrufe Sie tätigen oder SMS schreiben, diese sind mit dem Zahlungsbetrag abgegolten. Zusätzliche Kosten können dennoch anfallen, z. B. bei Telefonaten ins Ausland. Der Vertrag kann eine Mindestlaufzeit von maximal 24 Monaten haben. Erst nach Ablauf dieser Zeit wird eine Kündigung wirksam oder können Konditionen geändert werden. Der Vertrag kann auch die Bereitstellung eines neuen Smartphones alle paar Jahre beinhalten.

Prepaid-Karte: Hier fallen in der einfachsten Form keine fixen monatlichen Kosten an, es gibt also keine Grundgebühr, keinen Mindestumsatz und keine Vertragslaufzeit. Sie kaufen eine Art Starterpaket, das bereits ein Guthaben enthält. Dieses verbrauchen Sie dann für Telefonate (Abrechnung pro Minute), SMS und wenn Sie unterwegs im Internet surfen, WhatsApp benutzen etc. (Abrechnung des verbrauchten Datenvolumens). Auch hier zahlen Sie meist einen einmaligen Betrag für die SIM-Karte. Wenn das Guthaben verbraucht ist, besser kurz davor, laden Sie neues Guthaben auf. Dieser Vorgang kann auch automatisiert werden.

Diese Prepaid-Verträge können oft erweitert werden, um weitere Telefon- bzw. Datenvolumenangebote. Die zusätzlichen Tarifoptionen gelten dann für die nächsten 4 Wochen und sind meist täglich kündbar. Damit ähneln sie dann schon mehr den Laufzeitvertragsangeboten.

Identifikationsverfahren

Beim Erwerb einer Prepaid-SIM-Karte müssen Sie sich mit einem Ausweisdokument identifizieren. Das ist gesetzlich vorgeschrieben und dient der Verbrechensbekämpfung. Wenn Sie die Karte in einem Mobilfunkgeschäft kaufen, können Sie das gleich vor Ort erledigen.

Wenn Sie eine Karte im Internet bestellen oder im Supermarkt kaufen, müssen Sie ein Identifikationsverfahren durchlaufen, bevor Sie die Karte nutzen können. Hierzu haben Sie entweder beim Kauf der Karte Informationen erhalten oder, wenn Sie die Karte online gekauft haben, wurden Ihnen diese via E-Mail zugesandt. Erst nach erfolgreicher Identifikation wird die Karte aktiviert. Es ist auch möglich, dass die SIM-Karte erst nach einem positiven Identifikationsverfahren versendet wird.

Video-Ident: Sie benötigen Computer, Laptop oder Tablet mit Webcam, Lautsprecher und Mikrofon sowie eine gute Verbindung ins Internet. Sie haben einen Link erhalten, über den Sie im Browser einen Videochat öffnen. Im Video müssen Sie dem Mitarbeiter des Unternehmens Ihr Ausweisdokument zeigen.

Post-Ident in der Postfiliale: Sie suchen eine Postfiliale auf, hier zeigen Sie das mitgelieferte Formular vor, das die Informationen zum Mobilfunkvertrag enthält und Ihr Ausweisdokument.

Partnershop: Das Unternehmen hat einen Partnershop oder eigene Shops in denen Sie das Identifikationsverfahren durchführen können, auch wenn Sie die Karte nicht dort gekauft haben.

SIM-Karte

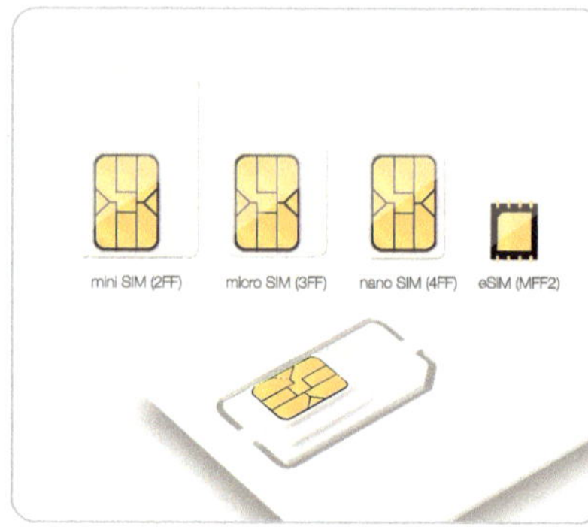

SIM-Karten gibt es in verschiedenen Größen: mini, micro und nano. Die iPhone-Modelle, die mit iOS 26 kompatibel sind, verwenden nano-SIM-Karten. Es ist möglich, dass Sie eine große Karte mit vorgestanzten Sollbruchstellen erhalten und Sie sich die passende Größe herausbrechen. Die neueste Errungenschaft - die eSIM - ist keine physische, auswechselbare Karte mehr, sondern ein fest verbautes Modul. Die notwendigen Teilnehmerinformationen werden dann via Internet auf die eSIM übertragen und gespeichert. Viele iPhone-Modelle bieten neben nano-SIM zusätzlich eine eSIM. Mit dem entsprechenden Vertrag benötigen Nutzer dieser Modelle dann keine physische Karte mehr.

PIN und PUK

Zusammen mit Ihrer SIM-Karte erhalten Sie eine PIN und einen PUK. Die SIM-Karten-PIN geben Sie ein, wenn das Smartphone neu gestartet wurde. Diese dürfen Sie nur dreimal falsch eintippen, dann ist die Karte gesperrt. In diesem Fall benötigen Sie den PUK, den Sie ebenfalls zusammen mit Ihrer SIM-Karte bekommen haben. Diesen meist achtstelligen Code müssen Sie dann eingeben, um Ihr iPhone wieder zu entsperren.

Netzabdeckung

Ein guter Handyempfang am Wohnort ist wichtig. Leben Sie in einer Stadt, müssen Sie sich um die Netzabdeckung nicht so viele Gedanken machen; auf dem Land sieht das oft anders aus. Hier sollten Sie überprüfen, ob und in welcher Qualität das Mobilfunknetz des gewünschten Anbieters verfügbar ist.

Mobilfunkstandard 2G, 4G oder 5G – was ist das?

2G, 4G oder 5G sind Bezeichnungen für die verwendete Technologie zum Austausch von Daten über das Mobilfunknetz. Dabei bezeichnet die jeweils höhere Zahl einen schnelleren und zuverlässigeren Standard.

Vielleicht haben Sie auch schon von LTE gehört? 4G und LTE werden heute synonym verwendet, obwohl es sich genau genommen nicht um die gleiche Technologie handelt. 4G ist in weiten Teilen Deutschlands verfügbar, 5G befindet sich gerade im Aufbau. Es fällt auf, das 3G fehlt. Dieses Netz wird sukzessive abgeschaltet (die Telekom bietet es seit Mitte 2021 nicht mehr an). 2G wird nur noch zur Sicherheit angeboten. Damit kann man zwar telefonieren, das Surfen im Internet ist aber kaum möglich.

Welchen Mobilfunkstandard Sie nutzen, hängt von folgenden Faktoren ab: Smartphone, Vertrag und Verfügbarkeit am aktuellen Standort. Jedes neue Smartphone nutzt momentan 4G, viele sind schon 5G-fähig. Alle iPhones der 12er-Reihe und neuer sowie das iPhone SE (ab der dritten Generation/2022) verfügen über 5G-Konnektivität. Der abgeschlossene Vertrag muss Ihnen den Zugang zum jeweiligen Netz ermöglichen. Wenn Sie das 5G-Netz verwenden möchten, müssen Sie momentan bei Vertragsabschluss darauf achten, das dieses inbegriffen ist. Zusätzlich muss das entsprechende Netz am Aufenthaltsort verfügbar sein. Das ist bei 5G noch nicht überall der Fall und selbst die 4G-Abdeckung ist bei einer Fahrt über Land nicht immer gegeben.

In Deutschland gibt es momentan drei Mobilfunknetze:

Betreiber & Netz	**Welcher Anbieter nutzt es auch:**
Deutsche Telekom (D1-Netz)	Congstar (Telekom-Tochter), klarmobil.de
Vodafone (D2-Netz)	Lidl Connect, 1&1
Telefónica Deutschland (O2-Netz)	Aldi Talk, Blau, 1&1

Zur Überprüfung geben Sie beispielsweise die Suchbegriffe „Netzabdeckung Telekom" in Ihren Browser am Computer ein und rufen die passende Telekomseite auf (verfahren Sie analog mit den anderen Anbietern). Hier können Sie dann Ihre Adresse ❶ eintippen, um die verfügbaren Mobilfunkstandards ❷ an Ihrem Standort anzuzeigen. Wählen Sie, wenn möglich, ein Angebot mit 4G an Ihrem Wohnort aus.

Die Bundesnetzagentur stellt unter folgender Adresse ebenfalls eine Übersicht zur deutschlandweiten Netzabdeckung zur Verfügung.

https://www.breitband-monitor.de/mobilfunkmonitoring/karte

Hier ist es möglich, durch Auswahl der verschiedenen Netzbetreiber ❸ schnell anzuzeigen, welche Anbieter, was an Ihrem Standort zur Verfügung stellen. Links sehen Sie das Ergebnis für Telekom und rechts für Telefónica. Das D1-Netz bietet am eingekreisten Ort 5G (orange), 4G (lila), während Telefónica hier auf dem Land vermehrt nur 2G (blau) zur Verfügung stellt. Wahrscheinlich sind die Angebote im Netz von Telefónica etwas günstiger, die Netzabdeckung am beispielhaften Wohnort ist allerdings nicht so gut. Deshalb könnte das Telekom-Netz hier die bessere Wahl sein.

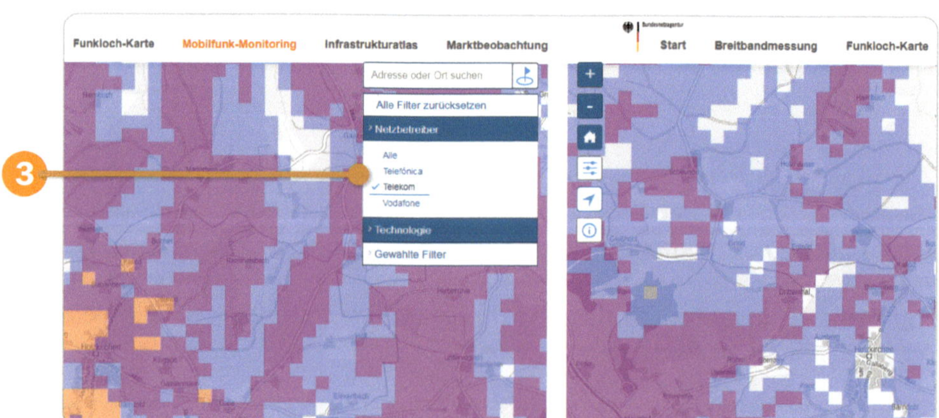

Nutzung von WLAN und mobilen Netzen

WLAN steht für Wireless Local Area Network, also ein kabelloses lokales Netzwerk. Für Zuhause haben Sie im Zuge eines Vertragsabschluss mit einem Provider (z. B. Vodafone, Telekom, 1&1 etc.) wahrscheinlich einen Router (Internetzugang über die Telefonleitung) oder ein Kabelmodem (Internetzugang über eine TV-Kabelverbindung) erhalten und eingerichtet. Mit diesem Gerät verbinden Sie Ihr Smartphone, aber auch den Computer, Laptop oder das Tablet und erhalten dadurch eine Verbindung zum Internet. Außerhalb eines WLANs verbindet sich das Smartphone über das Mobilfunknetz mit dem Internet (mobile Datenverbindung).

Mobiles Netz: Beim Erwerb der SIM-Karte wird Ihnen als Teil Ihres Vertrags ein bestimmtes Datenvolumen für den laufenden Monat zur Verfügung gestellt, z. B. 2 GB (zwei Gigabyte) oder die Daten werden nach Nutzung abgerechnet. Sie verbrauchen Datenvolumen beispielsweise, wenn Sie nicht mit einem WLAN-Netzwerk verbunden sind und im Internet surfen oder WhatsApp verwenden. Sie nutzen dann eine mobile Datenverbindung. Wenn das festgelegte Datenvolumen aufgebraucht ist, ist die Nutzung der genannten Dienste zwar theoretisch noch möglich, aber praktisch zu langsam, da die Geschwindigkeit von den Anbietern „gedrosselt" wird. Manche Verträge sehen aber auch vor, dass das Datenvolumen für diesen Fall automatisch kostenpflichtig erweitert wird.

> Da Ihr Datenvolumen entweder begrenzt ist oder Sie für dessen Nutzung entsprechend der verbrauchten Menge bezahlen, ist es besser, datenintensive Tätigkeiten im heimischen WLAN zu erledigen, z. B. YouTube-Videos anschauen, viele Fotos verschicken oder Updates durchführen.

Nützliches Zubehör

Ladegerät: Neuere iPhone-Modelle, iPhone 12 bis 17, werden nur mit einem USB-C-auf-Lightning-Kabel, jedoch ohne Netzteil ausgeliefert. Sollten Sie bisher noch kein passendes Ladegerät besitzen, besorgen Sie sich am besten ein 20W-Netzteil mit einem USB-C-Anschluss. Mit einer Ausgangsleistung von 20 Watt funktioniert auch das Schnellladen des iPhones. Das iPhone 15 ist das erste Modell, das auf ein USB-C-auf-Lightning-Kabel verzichtet und mit einem USB-C-Anschluss ausgestattet ist. Das entsprechende Kabel ist im Umfang enthalten. Es gibt außerdem die Möglichkeit, ein

MagSafe-Ladegerät zu verwendet, mit dem man sein iPhone kabellos mit Magneten aufladen kann. Das funktioniert ab iPhone 12 oder neuer.

Hülle und Displayschutz: Schützen Sie Ihr Smartphone durch eine Hülle vor Schäden. Taschen und Schutzhüllen gibt es in allen Farben und Formen. Daneben gibt es auch Displayschutzfolien, die den Bildschirm gegen Kratzer und Bruch schützen und zusätzlichen Reflexionsschutz bieten können. Das blasenfreie Aufbringen der Schutzfolie kann unter Umständen Schwierigkeiten bereiten.

Eingabestift: Wenn Ihnen die Fingereingabe über den Bildschirm Probleme bereitet, empfehlen wir einen Eingabestift. Er erleichtert die Auswahl kleiner Symbole enorm. Vorsicht! Auf dem Markt gibt es günstige Eingabestifte mit Metallspitze, die das Display zerkratzen können.

Haltegriff/Handyhalter: An der Rückseite des Handys kann zusätzlich ein Griff angebracht werden, der das einhändige Halten des Smartphones erleichtert.

Externer Akku/Powerbank: Auf Reisen hilft ein externer Akku. Wenn gerade keine Steckdose in der Nähe ist, können Sie das iPhone so wieder aufladen.

Je nachdem, wie Sie Ihr Handy nutzen, gibt es eine Reihe weiterer Hilfsmittel, z. B. Objektive und Stative für Smartphonefotografen, KFZ- und Fahrradhalterung für diejenigen, die mit dem Handy navigieren oder Bluetooth-Lautsprecher bzw. -Kopfhörer für Musikliebhaber.

Über dieses Buch

- Befehle und Bezeichnungen von Schaltflächen sind zur besseren Unterscheidung farbig und kursiv hervorgehoben, zum Beispiel: Öffnen Sie die Smartphone-*Einstellungen*.
- Im Text finden Sie Nummerierungen ➊, die sich auf die darunter aufgeführten Bilder beziehen. Auf Ausnahmen wird hingewiesen.
- In der Tat gibt es am Smartphone viel einzustellen. Das gilt einmal für das Handy selbst. Die meisten Optionen finden Sie in diesem Fall in der App *Einstellungen*.

  Daneben verfügen auch die einzelnen Apps über einen Bereich für Anpassungen. Dieser wird in der Regel ebenfalls als Einstellungen bezeichnet und oft auch durch ein Zahnradsymbol visualisiert.

Deshalb fügen wir zur besseren Unterscheidung für die App *Einstellungen* das Symbol an.

- Das Betriebssystem iOS und die verwendeten Apps werden laufend aktualisiert. Das kann zu Abweichungen von den hier beschriebenen Inhalten führen.
- Wir haben ein Glossar für Sie zusammengestellt. So können Sie, wann immer Sie im Text einen Begriff nicht verstehen, im Glossar nachsehen.
- Die Abbildungen wurden mit einem iPhone 16 erstellt.

Mit oder ohne Home-Button?
iPhones, die das iOS 26 Update erhalten, lassen sich in zwei Gruppen einteilen: iPhone mit Home-Button und iPhones, die nur über Gesten (Wischen über das Display) gesteuert werden.

Gestensteuerung verwenden: iPhone 12 und neuer, iPhone 11, iPhone XR, XS und XS Max und das iPhone X.

Mit Home-Button: iPhone SE (3. Generation).

Wir gehen davon aus, dass Einsteiger eher aus der breiten Masse der neueren iPhones auswählen. Darum steht die Gestensteuerung im Vordergrund. Aber auch für Besitzer von iPhones mit Home-Button sind Bedienungshinweise enthalten. Zur besseren Unterscheidung verwenden wir die oben abgebildeten Symbole.

Spickzettel

Schnelle Bedienungshilfen für das Smartphone.

Wichtige Bedienungsschritte haben wir für Sie auf Spickzetteln zusammengefasst. Ausführliche Erläuterungen finden Sie selbstverständlich auch im Buch. Die Spickzettel helfen, wenn Sie schnell etwas nachschauen möchten. Damit sie leicht zu finden sind, haben wir sie an den Anfang des Buchs gesetzt.

Auf den nächsten Seiten finden Sie Kurzanleitungen für folgende Themen:

1 **Fingersteuerung 19**

2 **Kleine Taschenlampe brenn! 20**

3 **Die Sprache der Apps verstehen 21**

4 **Freunde anrufen 23**

5 **In WhatsApp chatten 24**

6 **Videotelefonat in WhatsApp 25**

7 **Foto knipsen 26**

8 **Foto verschönern und versenden 27**

9 **Termin eintragen 28**

10 **Alarm für den nächsten Morgen 29**

1 Fingersteuerung

Tippen = Öffnen

Einmaliges, kurzes Tippen auf eine App, auf ein Symbol oder einen Menüeintrag ▶ öffnet die App, ein Auswahlmenü oder zeigt ein Untermenü an.

Tippen und halten = Kontextmenü anzeigen

Tippen und den Finger auf dem Bildschirm bzw. einer App halten ▶ öffnet ein Menü (Kontextmenü), welches Befehle anzeigt, die für das angetippte Element zur Verfügung stehen.

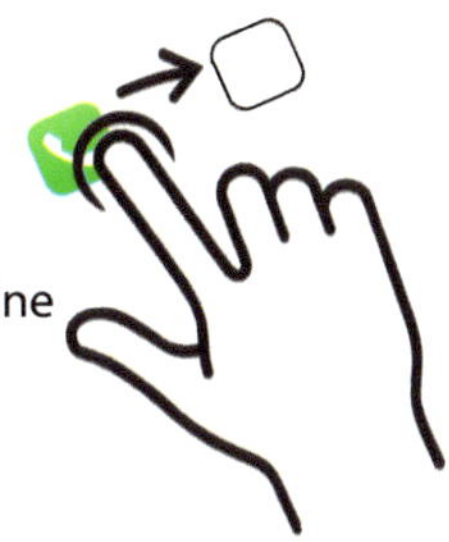

Tippen, halten und ziehen = Verschieben

Das App-Symbol antippen, gedrückt halten und an eine Position ziehen ▶ App verschieben.

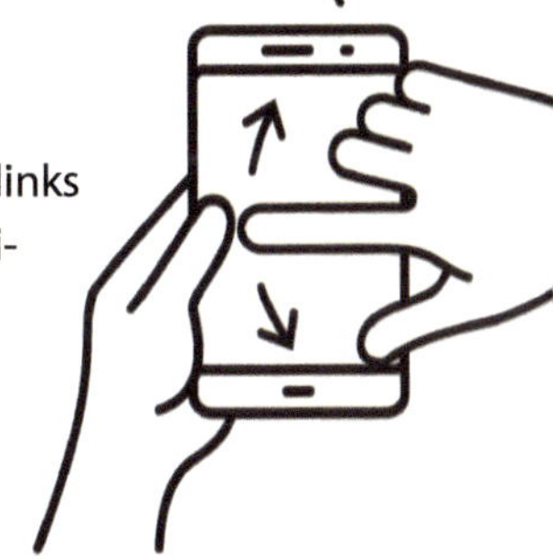

Wischen = Blättern, auch scrollen genannt

Mit dem Finger von unten nach oben bzw. von rechts nach links und natürlich auch jeweils umgekehrt über das Display streichen ▶ blättern zwischen verschiedenen Seiten oder Bildschirmen.

Zwei Finger auseinanderziehen = vergrößern, auch zoomen genannt

Ziehen Sie auf dem Bildschirm zwei Finger auseinander ▶ der angezeigte Inhalt wird vergrößert. Beim Zusammenziehen der Finger wird der Inhalt wieder verkleinert.

2 Kleine Taschenlampe brenn!

Wahnsinnig praktisch, wenn man draußen im Dunkeln mal schnell ein Licht benötigt, ist die Funktion Taschenlampe. Diese Funktion ist sowohl auf dem Sperrbildschirm als auch im Kontrollzentrum zu finden.

- Sperrbildschirm: Sie finden die Taschenlampe links unten ❶. Halten Sie das Symbol gedrückt.
- Kontrollzentrum: Wischen Sie vom rechten oberen Rand über den Bildschirm und zeigen Sie das Kontrollzentrum an. Das Symbol befindet sich unten links ❷. Tippen Sie kurz darauf.
- Nachdem die Taschenlampe eingeschaltet wurde, erscheint im oberen Bereich ein Steuerelement, mit dem Sie die Helligkeitsstufe der Taschenlampe regeln können ❸. Ziehen Sie den Schein einfach nach unten oder oben. Mit einem Wisch nach ganz unten oder einem Fingertipp auf das Symbol können Sie die Taschenlampe wieder ausschalten.

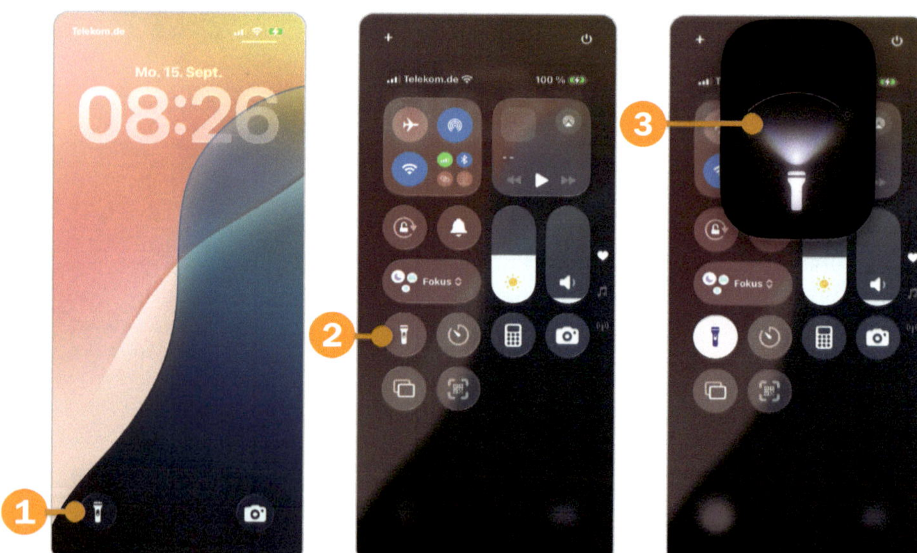

Weitere Informationen finden Sie ab Seite 56.

3 Die Sprache der Apps verstehen

Apps haben ihre eigene Sprache. Wenn Sie diese verstehen, können Sie sich schnell auch in neuen Anwendungen zurechtfinden. Folgende Befehle werden immer durch ähnliche grafische Darstellungen gekennzeichnet.

Befehl	Symbol
Suchfunktion	
Menü: Anzeige von weiteren Bearbeitungsbereichen, z. B. auf Webseiten	oder
Teilen, Inhalte der App versenden via E-Mail, WhatsApp etc., auf einem Cloud-Speicher ablegen oder in eine andere Anwendung laden	
Löschen des markierten Elements	
Einstellungen der App aufrufen	
Schließen, z. B. eingeblendete Werbung	
Kontaktinformationen hinterlegen oder einfügen	
Warenkorb/Einkaufswagen	
Favoriten: Das markierte Element kann als Favorit festgelegt werden und wird dadurch gesondert angezeigt.	
Video starten	
Video pausieren	
Kalender: Tag anzeigen	17
Brief/E-Mail	
Dreieck mit Ausrufezeichen: Warnung	

Befehl	Symbol
Datei anhängen	
Anzeigen, z. B. eines Kennworts, und wieder verstecken	 
Cloud (Wolke): zusätzlicher externen Speicherplatz	
Standortermittlung (GPS-Ortung) benötigen viele Apps, um passende Informationen bereitzustellen, z. B. Wetter.	
Flugmodus: Alle Netzverbindungen, WLAN und Bluetooth werden deaktiviert.	
Über die Glühbirne erhalten Sie Tipps oder weitere Infos.	
Durch Antippen des Häkchens bestätigen Sie eine Eingabe.	
i mit Sternchen: Die Sternchen zeigen an, dass zu einem Foto zusätzliche Informationen verfügbar sind, die von der AI automatisch erkannt oder ergänzt wurden.	

4 Freunde anrufen

1 Öffnen Sie die App *Telefon* und wählen Sie unten *Kontakte* 1 aus.

2 Tippen Sie auf den Namen der Person, die Sie anrufen möchten. Dadurch werden die Details 2 des Kontakts angezeigt.

3 Tippen Sie auf die Nummer des Kontakts 3.

4 Die Person wird angerufen. Durch Antippen des roten Hörers beenden Sie das Gespräch.

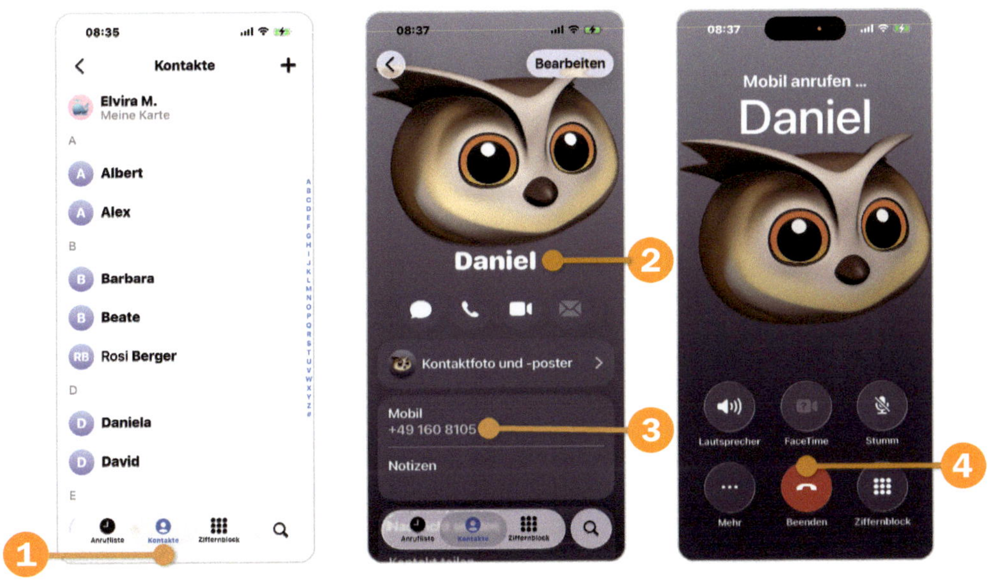

Wenn Sie versehentlich die falsche Person anrufen, können Sie durch Antippen des roten Hörers 4 den Anrufversuch abbrechen.

Weitere Informationen finden Sie ab Seite 97.

5 In WhatsApp chatten

1 Öffnen Sie WhatsApp. Tippen Sie den Chat mit der Person an ①, der Sie eine Nachricht schreiben möchten. Falls Sie sich mit einem Freund noch nicht ausgetauscht haben, tippen Sie auf ⊕ für eine neue Nachricht ② und wählen den Freund ③ aus.

2 Tippen Sie in das Nachrichtenfeld ④ und geben Sie Ihre Antwort ein. Über + und Auswahl von *Fotos* können Sie auch ein Bild verschicken und mit 😀 ein Emoji einfügen.

3 Tippen Sie auf *Senden* ⑤.

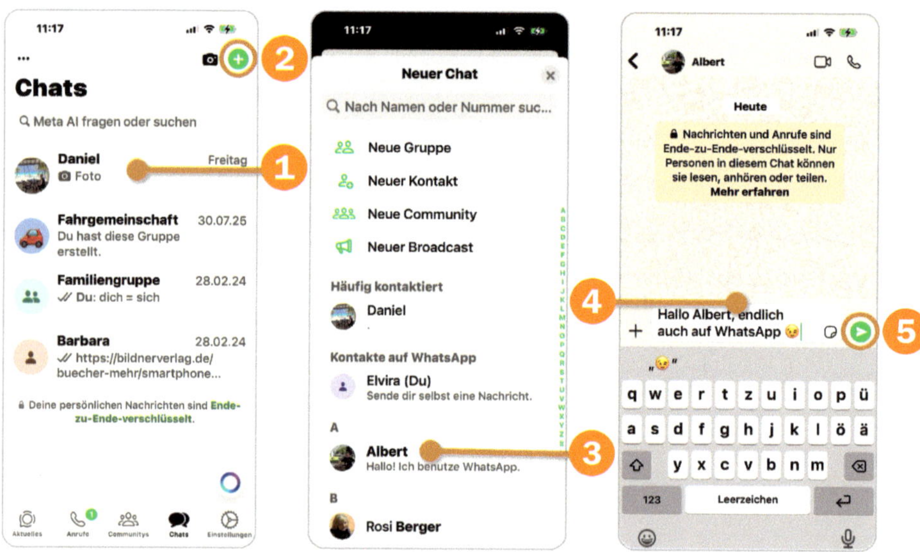

Weitere Informationen finden Sie ab Seite 115.

6 Videotelefonat in WhatsApp

1 Zeigen Sie den Chat mit der Person an, die Sie anrufen möchten.

2 Tippen Sie oben rechts auf das Videosymbol.

3 Am bequemsten ist es, wenn Sie das Smartphone auf dem Tisch an etwas anlehnen; vielleicht können Sie auch etwas zweckentfremden, z. B. einen Notenständer. Achten Sie darauf, dass die Frontkamera nicht verdeckt wird.

4 Zunächst sehen Sie sich selbst auf dem Bildschirm des Smartphones. Nachdem der Angerufene das Gespräch angenommen hat, erscheint dieser groß auf dem Bildschirm.

5 Durch Antippen des roten Hörers beenden Sie das Gespräch.

Wechsel von Front- zu Hauptkamera: Dadurch wird nicht mehr das eigene Bild gezeigt, sondern der Raum.

Optionen: Bildschirm freigeben (bei Erteilung der Freigabe werden Apps und Inhalte, die Sie während des Videotelefonats öffnen, dem Gesprächspartner angezeigt), Nachricht senden.

Ton aus- oder einschalten.

Übertragungsart des Tons, hier Lautsprecher.

Bildübertragung aus- oder einschalten.

Weitere Informationen finden Sie ab Seite 115.

7 Foto knipsen

1 Öffnen Sie die App *Kamera*. Der Aufnahmemodus *Fotos* ❶ ist ausgewählt.

2 Richten Sie das Smartphone auf das Motiv und wählen Sie das passende Objektiv. Wechseln Sie durch die Objektive mit einem Tipp auf *1x* ❷, *2* bzw. *0,5*.

3 Tippen Sie mit dem Finger auf den Teil des Motivs, auf den scharf gestellt werden soll ❸.

4 Tippen Sie auf den Auslöser ❹.

5 Sie sehen, dass die Aufnahme funktioniert hat, wenn das geknipste Foto als Vorschaubild ❺ erscheint.

Weitere Informationen finden Sie ab Seite 122.

8 Foto verschönern und versenden

1 Zeigen Sie das Bild in der App *Fotos* an und tippen Sie auf das Symbol für *Bearbeiten* ❶ und dann auf das Symbol für Filter ❷.

2 Wählen Sie einen Filter, z. B. *Dramatisch Warm* ❸ aus und tippen Sie rechts oben auf das Häkchen.

3 Tippen Sie dann auf das Symbol für *Senden* ❹. Hier stehen verschiedene Optionen zur Verfügung, wie Sie das Foto verschicken können, z. B. Mail, WhatsApp oder auch Nachrichten sind möglich. Allerdings kann der Versand über Nachrichten, auch als MMS bezeichnet, zusätzliche Kosten verursachen. Wir wählen hier *Mail* ❺, also den Versand als E-Mail-Anhang.

4 Geben Sie dann in der Mail-App die Empfängeradresse, einen Betreff und eine kurze Nachricht ein und tippen sie auf ↑ ❻.

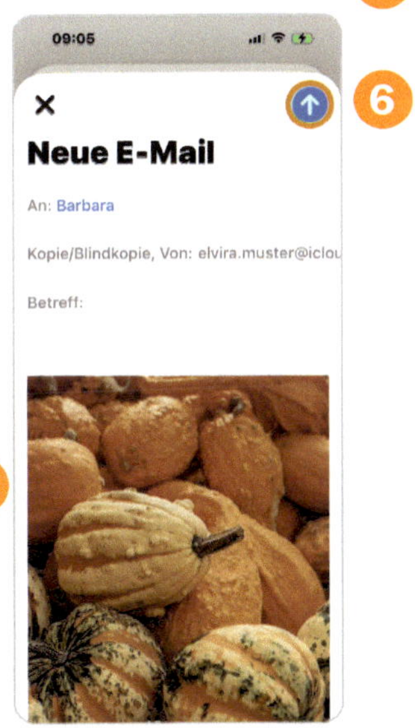

Weitere Informationen finden Sie ab Seite 128.

9 Termin eintragen

1 Öffnen Sie die App *Kalender*. Tippen Sie auf den Tag, für den Sie einen Termin eintragen möchten, und dann auf das Plus-Symbol ❶.

2 Sollte die Monatsansicht nicht angezeigt werden, tippen Sie links oben auf den Monatsnamen.

3 Geben Sie eine Bezeichnung für den Termin ein ❷.

4 Tippen Sie auf die Uhrzeit ❸ und bewegen Sie die Drehräder der Stunde und Minute in vertikaler Richtung nach oben bzw. unten ❹.

5 Tippen Sie auf ❺, um den Termin hinzuzufügen.

6 Der Tag mit dem eingetragenen Termin erhält in der Monatsansicht nun eine graue Markierung in Form eines Punktes. Tippen Sie auf diesen Tag, um in die Tagesansicht zu wechseln.

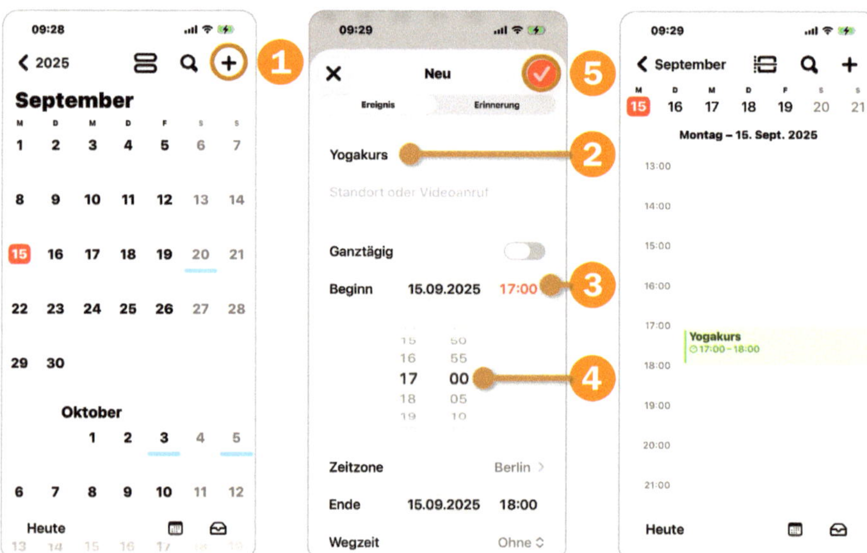

Weitere Informationen finden Sie ab Seite 137.

⑩ Alarm für den nächsten Morgen

1 Öffnen Sie die App *Uhr* und zeigen Sie den Bereich *Wecker* ❶ an.

2 Falls schon ein Alarm vorhanden ist, dessen Weckzeit passt, ziehen Sie den Regler ❷ auf die Position *Ein*.

3 Sonst tippen Sie auf das Plus-Symbol ❸ und stellen die neue Weckzeit ein ❹. Tippen Sie dann auf ✓ ❺, um die Einstellung zu speichern. Dieser Alarm ist nun aktiv ❻.

Der Schlummermodus ist der kleine Aufschub für Morgenmuffel! Und jetzt lässt sich sogar einstellen, wie lange man dem Wecker noch entkommen darf. Wählen Sie ganz individuell die Dauer des Schlummermodus ❼ – zwischen 1 und 15 Minuten.

Weitere Informationen finden Sie ab Seite 140.

Bedienelemente am Gehäuse

Abbildung: **iPhone 16**

Kameras und Blitz

Lautlos-Schalter bzw. Aktionstaste (ab iPhone 15 Pro)

Lautstärketaste: oben lauter, unten leiser

Lautsprecher

Frontkamera für Selfies

Seitentaste
kurz drücken: Bildschirm einschalten bzw. sperren

lang drücken: Siri

> Wenn der Bildschirm schwarz ist, drücken Sie kurz die Seitentaste, um diesen zu aktivieren.

Kamerasteuerung ab iPhone 16 (alle Modelle außer iPhone 16e)

SIM-Kartenfach bei allen Modellvariationen des iPhones 12, 13, 14, 15, 16, 17 auf der linken Seite, bei anderen Modellen ist es auf der rechten Seite.

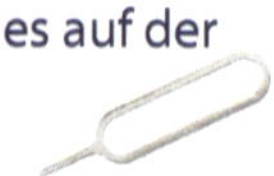

Kartenhalter mit mitgelieferten Werkzeug entnehmen

Lautsprecher (rechts & links unten), mittig: USB-C-Anschluss seit iPhone 15, davor Lightning Connector: Anschluss speziell für Apple-Geräte, Mikrofon

Abbildung: **iPhone SE**

Die Bedienelemente am Gehäuse sind bei nahezu allen iPhone-Modellen (ab iPhone X aufwärts) identisch. Das iPhone SE (3. Generation) verfügt über einen Home-Button und ist mit iOS26 kompatibel.

1 iPhone einrichten und loslegen

Wenn Sie Ihr neues iPhone gerade aus seiner Schachtel befreit haben, dann gibt es jetzt einiges zu tun: SIM-Karte einlegen, Verbindung mit einem WLAN herstellen und Konto einrichten. Vielleicht wurde das alles schon für Sie erledigt, dann können Sie die nächsten beiden Kapitel überspringen und gleich auf Seite 36 fortfahren.

Diese Dinge sollten Sie parat haben, bevor Sie mit der Einrichtung Ihres Smartphones loslegen:

- SIM-Karte mit PIN
- Handynummer
- Name Ihres WLANs und Kennwort

1.1 SIM-Karte einlegen und Einrichtung starten

- Laden Sie den Akku Ihres Smartphones auf. Legen Sie eine SIM-Karte ein. Dazu verwenden Sie den mitgelieferten Schlüssel und stecken diesen auf der rechten bzw. linken Seite des Smartphones in das kleine Loch. Dadurch wird der Kartenhalter entriegelt und Sie können diesen entnehmen. Legen Sie die SIM-Karte ein und schieben Sie den Kartenhalter zurück in die Vorrichtung.

Ihr Handy lässt sich auch vorerst ohne SIM-Karte aktivieren, das Smartphone benötigt dann aber zumindest einen Internetzugang über WLAN.

- Drücken Sie zum Erststart die Seitentaste länger und geben Sie, wenn erforderlich, Ihre PIN (vierstellige Zahl, die Sie zusammen mit Ihrer SIM-Karte erhalten haben) ein. Wischen Sie vom unteren Bildschirmrand nach oben und wählen Sie Ihre Sprache, Ihr Land und die Anredeform aus.
- Tippen Sie beim Erscheinungsbild vorerst auf *Fortfahren*. Die Darstellung des Textes und der Symbole auf dem iPhone ändern wir später.

- Als Nächstes folgt *Schnellstart*. Wir gehen davon aus, dass Sie Einsteiger sind und noch kein Vorgängersmartphone besitzen. Tippen Sie unten auf *Ohne anderes Gerät konfigurieren* ❶. Wie man Inhalte von einem alten auf ein neues Smartphone überträgt, erfahren Sie ab Seite 169.
- *WLAN*: Verbinden Sie das Smartphone mit Ihrem WLAN ❷. Hierzu wählen Sie aus der Liste der vorhandenen Netze das gewünschte aus und geben das Passwort ein. Tippen Sie dann auf *Verbinden*. Nach Verbindungsaufbau erhält das Netzwerk ein blaues Häkchen. Tippen Sie auf *Weiter*.
- Bestätigen Sie mit *Weiter*, dass Sie die *Datenschutzerklärung* zur Kenntnis genommen haben.
- Wir gehen davon aus, dass Sie das iPhone für sich einrichten wollen, tippen Sie daher bei Konfigurieren auf *Für mich selbst konfigurieren*.
- Als Nächstes bestimmen Sie die Entsperrmethode Ihres Smartphones. Wir überspringen diese Funktionen hier zunächst, damit Sie es nach der Einrichtung leichter haben, das Gerät zu entsperren und etwas Geläufigkeit zu gewinnen. Tippen Sie bei *Face ID* auf *Später konfigurieren* und bei *Code* auf *Codeoptionen* und dann auf *Code nicht verwenden*. Dennoch sollten Sie unbedingt nachträglich den Geräteschutz aktivieren. Wie das geht, lesen Sie in Kapitel 2 ab Seite 62.
- Im nächsten Schritt tippen Sie auf *Nichts übertragen* ❸.

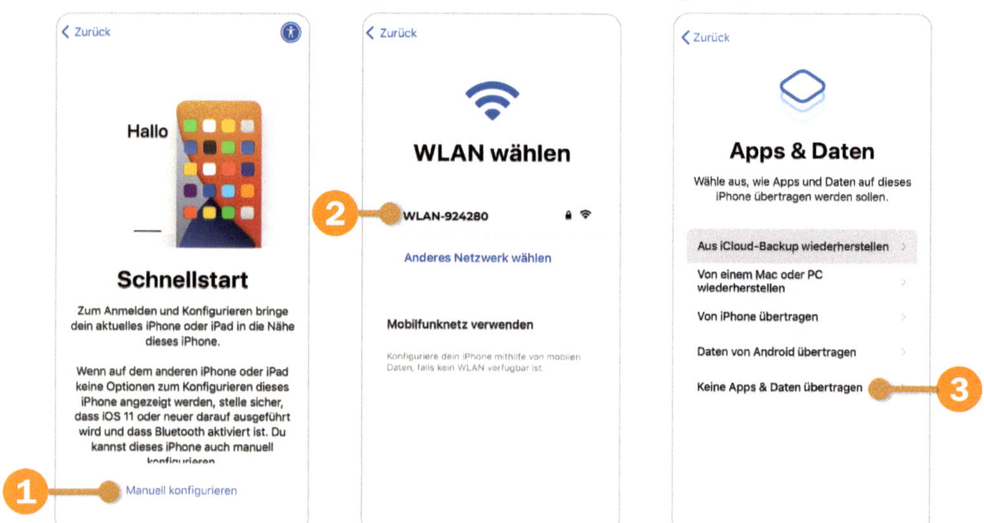

- *Apple Account hinzufügen*: Über den Apple Account laden Sie Apps im App Store herunter oder sichern Ihre Daten online. Falls Sie bereits ein Apple-Konto haben, geben Sie zunächst Ihre Apple-E-Mail-Adresse ein und tippen auf *Weiter*, tragen dann das Passwort ein und tippen erneut auf *Weiter*. Wenn Sie Fragen zur Tastatur haben, blättern Sie auf Seite 47. Falls Sie noch keinen Apple Account besitzen, tippen Sie auf *Passwort vergessen oder noch keinen Apple Account?* und dann auf *Kostenlosen Apple Account erstellen*. Wie man einen Apple Account erstellt, erfahren Sie gleich im Anschluss auf der nächsten Seite.
- Nachdem Sie Ihre Daten (Vor-/Nachname und Geburtsdatum), Ihre zukünftige Apple-E-Mail-Adresse und das dazugehörige Passwort eingegeben haben, muss Ihre Identität bestätigt werden. Belassen Sie das Häkchen bei *Textnachricht* und tippen Sie auf *Weiter*. Der Bestätigungscode wird automatisch in die Felder eingefügt. Wurde Ihnen kein Code übermittelt, tippen Sie auf *Keinen Code erhalten?* und anschließend auf *Textnachricht an*.
- Stimmen Sie den Geschäftsbedingungen mit *Akzeptieren* zu.
- Tippen Sie auf *Fortfahren*, wenn angezeigt wird, wie das iPhone auf dem neuesten Stand gehalten wird.
- Wir empfehlen Ihnen, die Ortungsdienste zu aktivieren. So kann beispielsweise die Position Ihres Smartphones ermittelt werden. Tippen Sie deswegen auf *Ortungsdienste aktivieren*.
- *Siri* und die *Bildschirmzeit* können Sie beruhigt *Später konfigurieren*; und bei *Analyse* tippen Sie auf *Nicht teilen*.
- Lesen Sie sich die Informationen zum Notruf SOS durch und tippen Sie auf *Fortfahren*.
- Wählen Sie im nächsten Schritt, wie das *Erscheinungsbild* Ihres iPhones dargestellt werden soll. Wir belassen die Einstellung auf *Hell* und tippen auf *Fortfahren*.
- Es kommt ganz auf Ihre Sehfähigkeiten an: Auf dem nächsten Bildschirm haben Sie bei *Anzeigezoom* die Wahl zwischen *Standard* und *Vergrößert*. Bei letzterem sind Texte und Symbole größer dargestellt.
- Zum Schluss streichen Sie vom unteren Bildschirm nach oben - und voilà, Ihr iPhone ist eingerichtet.

1.2 Der Apple Account

Ein Apple-Smartphone ohne Apple Account zu verwenden, ist möglich, aber nur mit eingeschränkter Funktionalität. Allein durch den fehlenden Zugriff auf den App Store (Herunterladen von Apps) raten wir davon ab.

Apple Account im Einrichtungsprozess erstellen

Sie richten gerade Ihr iPhone ein und haben noch keinen Apple Account? So geht's:

> Verwenden Sie am besten eine E-Mail-Adresse mit der Endung *@icloud.com*, dann wird dieses Konto automatisch in der Mail-App hinterlegt.

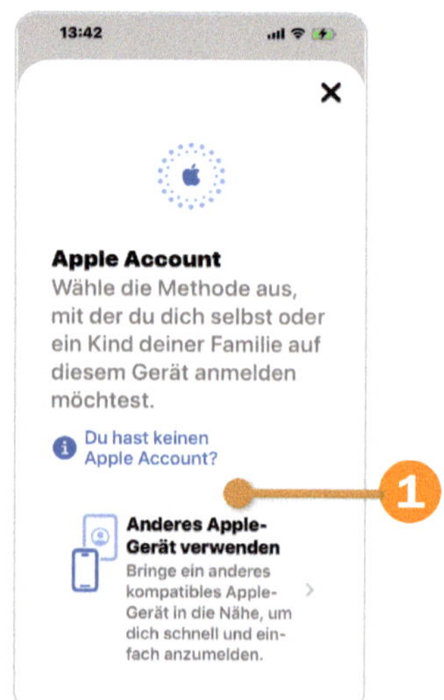

1 Tippen Sie im Einrichtungsprozess auf *Passwort vergessen oder noch keinen Account?* ❶ und wählen Sie *Kostenlosen Apple Account erstellen* aus.

2 Geben Sie dann Ihre Daten (Vorname, Nachname und Geburtsdatum) ein und bestätigen Sie mit *Weiter*.

3 Vergeben Sie nun eine E-Mail-Adresse, also Ihre zukünftige Apple-E-Mail-Adresse, z. B. elvira.muster@icloud.com. Ihre Wunsch-E-Mail-Adresse muss noch verfügbar sein, d. h. es darf keine andere Person dieselbe Adresse nutzen. Wenn der Nutzername schon vergeben ist, versuchen Sie es mit einer anderen Namensvariation. Bestätigen Sie mit *Weiter* und dann mit *E-Mail-Adresse erstellen*.

4 Erstellen Sie ein Passwort (Kombination aus Groß- und Kleinbuchstaben, Sonderzeichen und Zahlen). Bestätigen Sie es in der nächsten Zeile. Notieren Sie schon während des Prozesses Ihre E-Mail-Adresse und Ihr Kennwort. Mit *Weiter* gelangen Sie zum nächsten Schritt, wie im vorherigen Abschnitt über die Ersteinrichtung beschrieben.

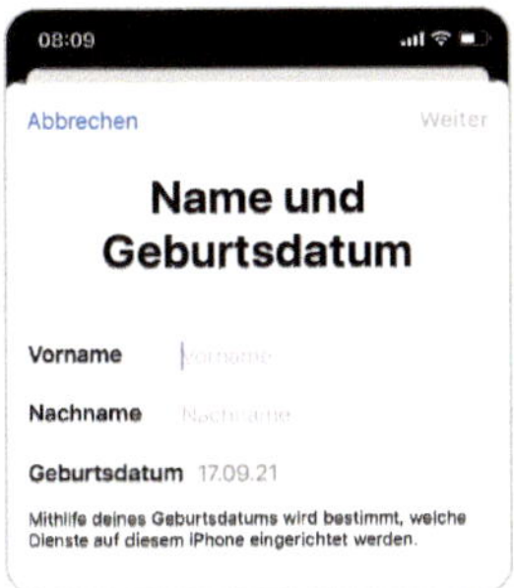

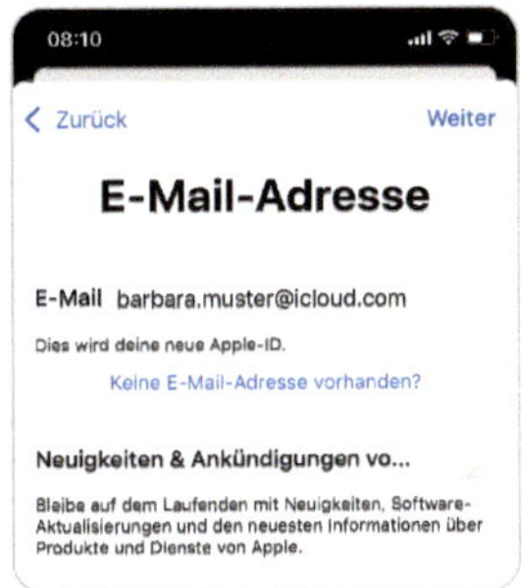

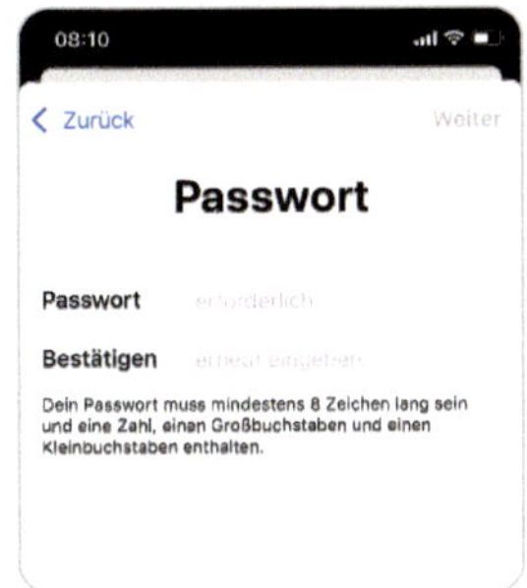

Apple Account nachträglich hinzufügen

Normalerweise wird gleich bei der Einrichtung des iPhones einen Apple Account hinterlegt, das ist aber auch noch nachträglich möglich.

- Rufen Sie die *Einstellungen* ❶ auf.
- Tippen Sie ganz oben auf *Apple Account* ❷.
- Geben Sie dann Ihre Apple-E-Mail-Adresse und das Passwort ein. Oder tippen Sie auf *Du hast keinen Apple Account?* ❸ und folgen den Schritten, wie auf der vorherigen Seite beschrieben.

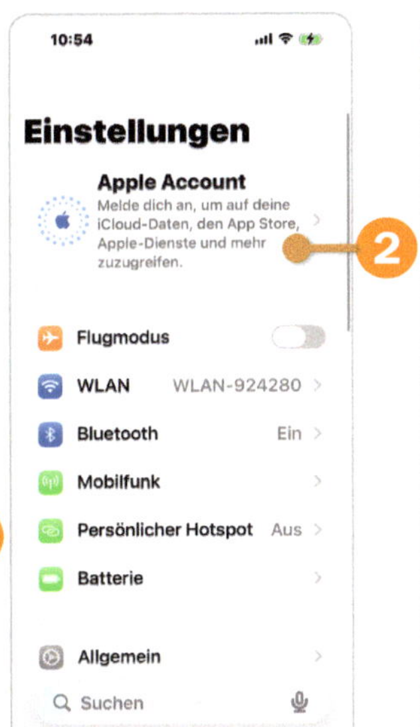

1.3 iPhone-Oberfläche & Steuerung

Nach der Einrichtung geht es jetzt darum, sich zurecht zu finden. Wichtig ist, dass Sie folgende zwei Inhalte unterscheiden: Sperr- und Home-Bildschirm.

Sperrbildschirm

Der Sperrbildschirm sichert Daten, die sich auf Ihrem Smartphone befinden, vor einem unerwünschten Zugriff Dritter. Er wird mit einem Code oder Fingerabdruck- bzw. Gesichtserkennung ausgestattet (siehe ab Seite 62). Zudem hält er Informationen bereit, wie etwa das Datum, die Uhrzeit, Mitteilungen etc. und verhindert eine ungewollte Bedienung, z. B. in der Tasche.

- **Smartphone entsperren:** Beim Anheben des iPhones sollte der Sperrbildschirm automatisch angezeigt werden, ansonsten drücken Sie kurz auf die Seitentaste. Streichen Sie dann vom unteren Bildschirmrand nach oben und geben Sie ggf. einen Code ein.

  Bei iPhones mit Home-Taste drücken Sie die Home-Taste und tippen dann ggf. einen Code ein.

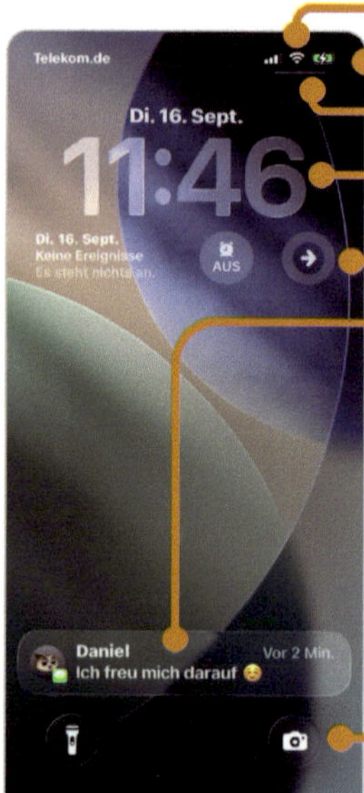

- Verbindungsstatus, Akkustand
- Kontrollzentrum: Von rechts oben nach unten wischen
- Suchfunktion: Die weiße Linie nach unten ziehen
- Uhrzeit und Datum
- Widgets (mehr dazu ab Seite 74)
- Benachrichtigungen: Wenn Sie darauf tippen, erscheint eine Aktionsmöglichkeit, z. B. Öffnen. Bei mehreren Benachrichtigungen ziehen Sie den Stapel nach oben, dann erscheint die sog. Mitteilungszentrale mit allen Benachrichtigungen.

  Da während des Einrichtungsprozesses kein Geräteschutz aktiviert wurde, reicht es aus, mit dem Finger über den Bildschirm zu streichen, um zum Startbildschirm zu gelangen.
- Taschenlampe und Kamera-App - diese können vom Sperrbildschirm geöffnet werden.

Smartphone sperren: Sie haben einen Freund angerufen, jetzt wollen Sie das Smartphone wieder in die Tasche stecken. Dann können Sie den Sperrbildschirm einschalten. Drücken Sie dazu die Seitentaste.

Home-Bildschirm

Wenn Sie den Sperrbildschirm entsperren, gelangen Sie zum Home-Bildschirm. Hier finden Sie eine Auswahl wichtiger Apps (Anwendungen), z. B. die Kamera-App oder die Telefon-App.

Der Home-Bildschirm besteht in der Regel aus mehreren Seiten. Auf dem zweiten Bildschirm können weitere Apps angeordnet werden. Wie viele zur Verfügung stehen und was gerade ausgewählt ist, sehen Sie, wenn Sie zwischen den einzelnen Seiten hin- und herwischen. Wenn Sie auf einer Seite verbleiben, wechselt die Bildschirmanzeige automatisch zum Suchen-Button.

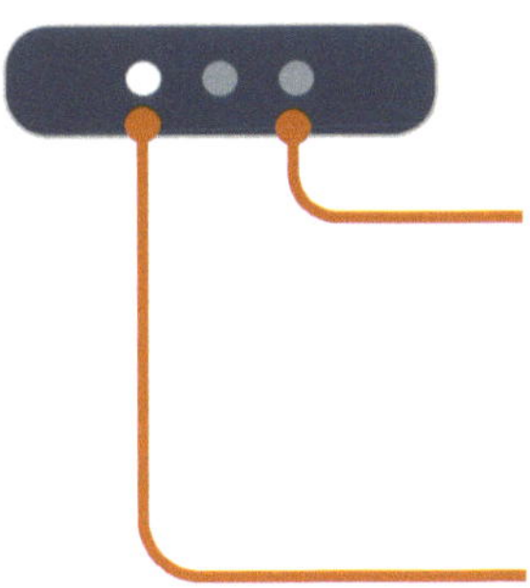

Bildschirmwechsel

Die etwas abgedunkelten Kreise stehen für die zweite und dritte Home-Bildschirmseite, da diese Seiten gerade nicht angezeigt werden. Weitere Kreise zeigen an, dass mehr als drei Seiten vorhanden sind.

Erste Home-Bildschirmseite; wird gerade angezeigt, da der Kreis in weiß dargestellt ist.

- Sie wechseln zwischen den Seiten durch horizontales Wischen.

App-Mediathek

Zur App-Mediathek gelangen Sie, wenn Sie durch die Bildschirmseiten ganz nach rechts blättern. Hier sind alle installierten Apps in Gruppen organisiert, z. B. *Soziale Netze* ❶. Diese erstellt das iPhone automatisch und auch die Zuordnung zu einer Kategorie erfolgt ohne Ihr Zutun. Das ist Vor- und Nachteil zugleich, sie haben zwar keine Arbeit, können aber weder die Namen der Kategorien noch die Zuordnung der Apps ändern. So finden Sie beispielsweise die App *Kalender* ❷ (Adressbuch) in der Kategorie *Produktivität & Finanzen*.

Die Idee hinter der App-Mediathek ist, dass Sie hier alle installierten Apps finden und dafür auf dem Home-Bildschirm nur eine Auswahl Ihrer Apps anzeigen, die Sie häufig benötigen.

Navigation via Gesten

Alle iPhones ohne Home-Button werden nur durch Wischgesten gesteuert:

Aktion	Geste
Home-Bildschirm anzeigen: Der Home-Bildschirm wird aufgerufen, den Sie zuletzt angezeigt haben. Das kann auch die App-Mediathek sein. Hier können Sie dann durch Wischen nach links oder rechts zu anderen Seiten wechseln.	Wischen Sie vom unteren Rand ❶ des Bildschirms nach oben.
Zurückblättern: Praktisch im Browser, um zur vorigen Seite zu wechseln.	Wischen Sie vom linken Bildschirmrand ❷ in die Mitte.
Alle geöffneten Apps anzeigen: Apple nennt diese Funktion auch App-Umschalter. Hier sehen Sie alle Apps, die geöffnet sind und Sie können so schnell zwischen verschiedenen Apps wechseln oder Apps schließen.	Wischen Sie vom unteren Bildschirmrand in die Mitte. Behalten Sie dabei den Finger auf dem Display, bis die Reihe der geöffneten Apps angezeigt wird. Sie verlassen den Bereich, indem Sie auf eine freie Stelle ❸ neben den angezeigten App-Fenstern tippen.
Schnell zwischen geöffneten Apps blättern: Praktisch, um zwischen zwei Apps hin und her zu blättern.	Streichen Sie ganz unten horizontal über den Bildschirmrand.

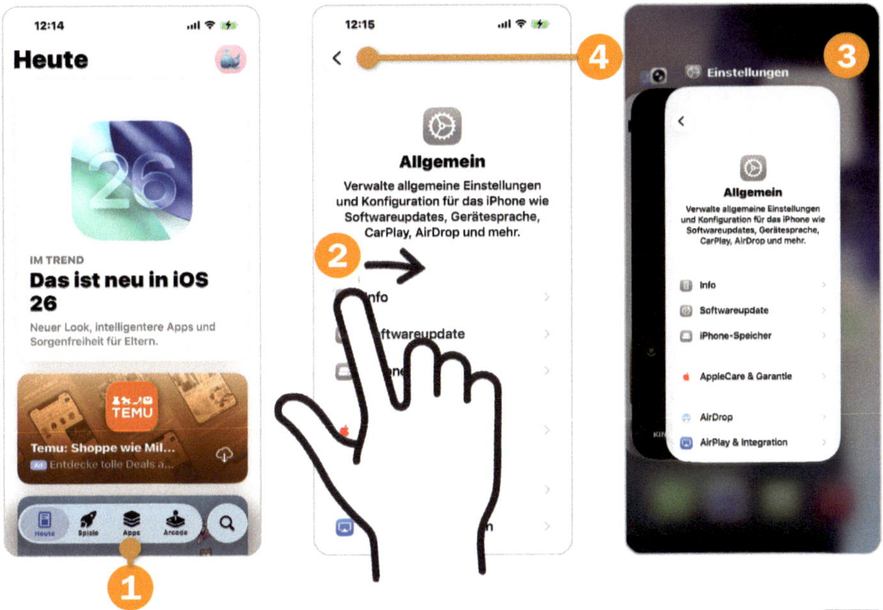

Das iPhone SE (3. Generation) verfügt über einen Home-Button.

Aktion	Geste
Home-Bildschirm anzeigen: Der Home-Bildschirm wird aufgerufen, den Sie zuletzt angezeigt haben. Das kann auch die App-Mediathek sein. Hier können Sie dann durch Wischen nach links oder rechts zu anderen Seiten wechseln.	Home-Button drücken.
Alle geöffneten Apps anzeigen.	Tippen Sie doppelt auf den Home-Button.

Bereich wieder verlassen - zurückblättern

In vielen Apps wird oben links dieses Symbol < meist gefolgt von Text angezeigt 4 (siehe Bild oben). Damit verlassen Sie das Untermenü wieder. Safari, der Standardbrowser von Apple geht hier einen anderen Weg und zeigt die Steuersymbole zum Wechseln zwischen besuchten Internetseiten unten an. Dazu mehr auf Seite 148. In seltenen Fällen verlassen Sie einen Bereich auch durch Antippen von *x*, *Fertig*, *Abbrechen* oder Ähnlichem rechts oben.

Heute-Ansicht

Vom Home-Bildschirm mit einem Wisch nach rechts wird die Heute-Ansicht angezeigt. Hier finden Sie praktische Funktionen und eine Auswahl verschiedener Widgets, z. B. zum Wetter ❶. Widgets fassen Informationen einzelner Apps übersichtlich zusammen. Auch zum Home-Bildschirm können Widgets hinzugefügt werden, z. B. das Uhr-Widget. Wie man Widgets einrichtet, hinzufügt und entfernt, erfahren Sie auf Seite 74.

Sprachassistentin Siri

Siri ist die Sprachassistentin von Apple. Sie können ihr Fragen stellen, z. B. „Wie wird das Wetter heute?“, via Sprachbefehl einen Freund anrufen, Musik abspielen und vieles mehr. Damit reiht sich Siri in die Riege der Sprachassistenten, wie Bixby (Samsung), Alexa (Amazon) oder Google Assistant ein.

Drücken Sie etwas länger auf die Seitentaste (bzw. auf die Home-Taste) auf der rechten Seite Ihres iPhones und richten Sie Siri anschließend ein. Tippen Sie auf *Siri aktivieren*, ❶ wählen Sie eine Stimme aus und bestätigen Sie mit *Weiter* rechts oben. Tippen Sie im nächsten Schritt auf *Später* ❷, wenn Sie gefragt werden, ob Sie Audioaufnahmen teilen wollen. Nun können Sie Siri über längeres Drücken der Seitentaste verwenden. Im unteren Bereich erscheint dann ein Kreis mit sich bewegenden, bunten Elementen ❸. Wenn Ihnen Siri Ergebnisse auf dem Bildschirm anzeigt, hier im Beispiel auf die Frage „Was gibt es Neues?", ❹, tippen Sie einfach auf eine freie Stelle des Bildschirms und die Anzeige verschwindet wieder.

Weitere Einstellungsoptionen finden Sie in der App *Einstellungen* (siehe auch Seite 43) unter *Apple Intelligence & Siri*. Hier können Sie auch über *Sprich mit Siri* vereinbaren, dass Siri auf den Sprachbefehl "Hey Siri" reagiert.

1.4 App suchen, anzeigen und wechseln

- Zum Öffnen einer App tippen Sie diese auf dem Home-Bildschirm an. Je mehr Apps auf dem Home-Bildschirm sind, umso schwieriger wird es, die gewünschte zu finden.
- Hier hilft die **Suchfunktion**: Tippen Sie auf den *Suchen*-Button Suchen ❶ unten auf dem Home-Bildschirm: Über der Tastatur ❷ geben Sie den Namen der App ein. Dazu passende Apps werden automatisch angezeigt. Tippen Sie die gewünschte App ❸ an, um diese zu öffnen. Wenn Sie den Suchbereich versehentlich geöffnet haben, wischen Sie einfach vom unteren Bildschirm nach oben, um diesen wieder zu verlassen.

  Über Suchen können Sie nicht nur nach Apps suchen, sondern nach allem, was sich auf dem iPhone befindet, z. B. Einstellungen, Kontakte, Termine. Sie können auch hier im Internet nach Informationen suchen.

- In der App-Mediathek tippen Sie ebenfalls auf die gewünschte App, z. B. *App Store* ❹, um diese zu öffnen. Verschiedene Kategorien werden schnell recht voll, sodass die App nicht mehr direkt ausgewählt werden kann. Das erkennen Sie an den verkleinerten App-Symbolen ❺. Wenn Sie eine dieser Apps öffnen möchten, tippen Sie zunächst auf die verkleinerten Symbole. Der gesamte Inhalt der Kategorie ❻ wird angezeigt und Sie können hier die App, z. B. *Notizen* auswählen. Um den Kategorieninhalt zu verlassen, tippen Sie einfach an eine freie Stelle.
- Einfacher finden Sie die App vielleicht über die Suchleiste ❼. Tippen Sie den Namen ein und wählen Sie die App durch Antippen ❽ aus.

Erstes Starten einer App

Beim allerersten Start einer App müssen Sie in der Regel Zugriffsberechtigungen erteilen, Nutzungsbestimmungen oder unter Umständen Informationen zur App bestätigen. Unten sehen Sie drei Beispiele für Meldungen gleich nach dem ersten Start der App:

- Die App *Karten* möchte auf Ihren Standort zugreifen. Tippen Sie auf *Beim Verwenden der App erlauben*, so kann die App Ihre aktuelle Position ermitteln und zeigt eine mögliche Route beginnend bei Ihrem aktuellen Standort an. Mehr zu Berechtigungen erfahren Sie auf Seite 85.
- Bevor Sie die App *Feedback* nutzen können, müssen Sie zuerst den Benutzungshinweis akzeptieren und auf *Annehmen* tippen.

- Im letzten Bild fasst die App *Health* Informationen für Sie zusammen, z. B. wie man die App benutzt und welche Vorteile sie hat. Wenn Sie auf *Fortfahren* tippen, können Sie die App benutzen.

Einstellungen aufrufen

Wenn man ein neues Handy hat, ist man die ersten Wochen häufig in der App *Einstellungen*, um das iPhone an die eigenen Vorstellungen anzupassen. Damit Sie diese auf jeden Fall finden, hier eine ausführliche Darstellung:

- Tippen Sie auf dem Home-Bildschirm auf *Einstellungen* ❶.
- Die App *Einstellungen* enthält eine Vielzahl von Kategorien, z. B. *Bluetooth* ❷, *Mobilfunk*, *Töne & Haptik*, *Anzeige & Helligkeit*, *Batterie* etc. Durch vertikales Wischen verschieben Sie den angezeigten Inhalt.
- Mit Antippen einer Kategorie zeigen Sie deren Inhalt an. Über *<* ❸ links oben oder über Wischen nach rechts kehren Sie wieder zur vorigen Seite zurück.
- Funktionen mit einem grünen Regler ❹ sind eingeschaltet; Funktionen mit ausgeschaltetem Regler werden nicht verwendet.

Tipp für Fortgeschrittene: Über die Suchleiste ❺ können Sie innerhalb der App nach Einstellungsoptionen suchen.

Weitere App öffnen und wechseln

Die App *Einstellungen* haben Sie gerade angezeigt. Wischen Sie vom unteren Bildschirmrand nach oben. Damit zeigen Sie wieder den Home-Bildschirm an. Wählen Sie nun die App *Telefon* durch Antippen aus. Kehren Sie wieder zum Startbildschirm zurück und öffnen Sie die App *Fotos*.

Sie haben jetzt drei Apps geöffnet, allerdings wird nur die App *Fotos* angezeigt. Sie wechseln zu einer anderen geöffneten App, indem Sie am unteren Bildschirmrand eine Wischbewegung nach oben machen und den Finger so lange auf dem Display belassen bis eine Reihe von Apps 1 (Grafik nächste Seite) erscheint; jetzt nehmen Sie den Finger vom Bildschirm.

Streichen Sie horizontal 2 über den Bildschirm, um den angezeigten Ausschnitt zu verändern. Durch Antippen einer anderen App, z. B. *Telefon* oder *Einstellungen*, wird diese wieder am Bildschirm angezeigt.

Alternativ wechseln Sie zwischen geöffneten Apps, indem Sie horizontal über den unteren Bildschirmrand streichen.

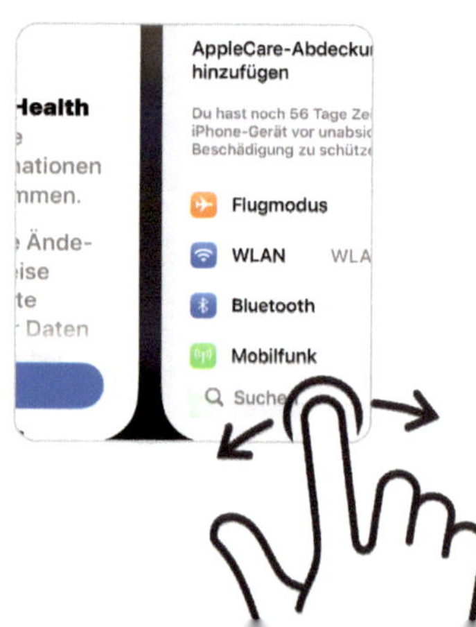

Apps schließen: Schieben Sie die App mit dem Finger nach oben ❸, sozusagen aus dem Smartphone hinaus. Dadurch wird sie geschlossen.

Kleine App-Auswahl für den täglichen Gebrauch

Telefon: App zum Telefonieren. Sie wählen entweder einen gespeicherten Kontakt aus oder tippen eine Nummer ein.

Kontakte: Hier speichern Sie alle Daten, Telefonnummern, postalische Adressen, Geburtstage etc. Ihrer Freunde.

Nachrichten: App zum Schreiben von Chat-Nachrichten und SMS.

WhatsApp: Schreiben Sie Nachrichten, versenden Sie Fotos oder telefonieren Sie mit der Familie mit Übertragung eines Videos. Diese App muss heruntergeladen werden.

Kamera: Mit dieser App knipsen Sie Fotos oder nehmen Videos auf.

Fotos: Dient der Anzeige und Bearbeitung Ihrer Fotos und Videos.

App Store: Hier können kostenlose aber auch kostenpflichtige Apps (Anwendungssoftware) heruntergeladen werden.

iTunes Store: In iTunes können Sie Musik, Filme, TV-Sendungen suchen, kaufen, organisieren und wiedergeben.

Bücher: Mit der App Bücher können Sie sich E-Books (Bücher in elektronischer Form) und Hörbücher auf Ihr Smartphone laden.

Safari: Browser von Apple, dient der Anzeige von Internetseiten.

Karten: Die Karten-App von Apple, hier können Sie nach Adressen suchen und eine Navigation von Ort zu Ort durchführen.

Mail: Anwendung zum Empfangen und Versenden von E-Mails. Die E-Mail-Adresse, die Sie bei der Einrichtung des Smartphones verwendet haben, ist hier bereits hinterlegt.

Uhr: Die App bietet einen Wecker, einen Timer, eine Stoppuhr und zeigt natürlich auch die Zeit an (auch mehrere Zeitzonen).

Kalender: Hier tragen Sie Termine ein und werden daran erinnert.

Notizen: App zum Speichern von Notizen, wie z. B. einer Einkaufsliste. Es gibt Notizen-Apps wie Sand am Meer. Wenn Ihnen diese nicht zusagt, installieren Sie einfach eine andere.

Einstellungen: Hier finden Sie alle Optionen, die die einzelnen Funktionen Ihres Smartphones betreffen.

1.5 KI-Unterstützung aktivieren

Die neue KI des iPhones, bekannt als Apple Intelligence, ist tief in das iPhone-Betriebssystem integriert. Sie bietet eine Vielzahl von Funktionen, die den Alltag erleichtern und das Nutzererlebnis verbessern. Apple Intelligence umfasst unter anderem smarte Kurzbefehle, verbesserte Sprachassistenz (Siri2.0) und KI-Schreibwerkzeuge, die beim Umschreiben, Korrekturlesen und Zusammenfassen von Texten in Apps wie Mail oder Notizen unterstützen.

Die leistungsstarke KI ist für alle iPhone-Modelle ab dem iPhone 15 Pro verfügbar, einschließlich der neuesten Modelle wie iPhone 17 und iPhone 17 Pro. Ältere Modelle, wie das iPhone 14 und darunter, unterstützen die neuen KI-Funktionen leider nicht.

Um Apple Intelligence auf Ihrem iPhone zu nutzen, müssen Sie die Funktion zunächst aktivieren:

- Stellen Sie sicher, dass die neueste Version von iOS auf Ihrem iPhone installiert ist. Gehen Sie in die *Einstellungen*, tippen Sie auf *Allgemein* und dann auf *Softwareupdate*. Prüfen Sie, ob ein Update verfügbar ist. Installieren Sie es gegebenenfalls.
- Sobald Ihr iPhone auf dem neuesten Stand ist, öffnen Sie in den *Einstellungen* den Menüpunkt *Apple Intelligence & Siri* ❶. Dort finden Sie den Schalter, um *Apple Intelligence* ❷ zu aktivieren.

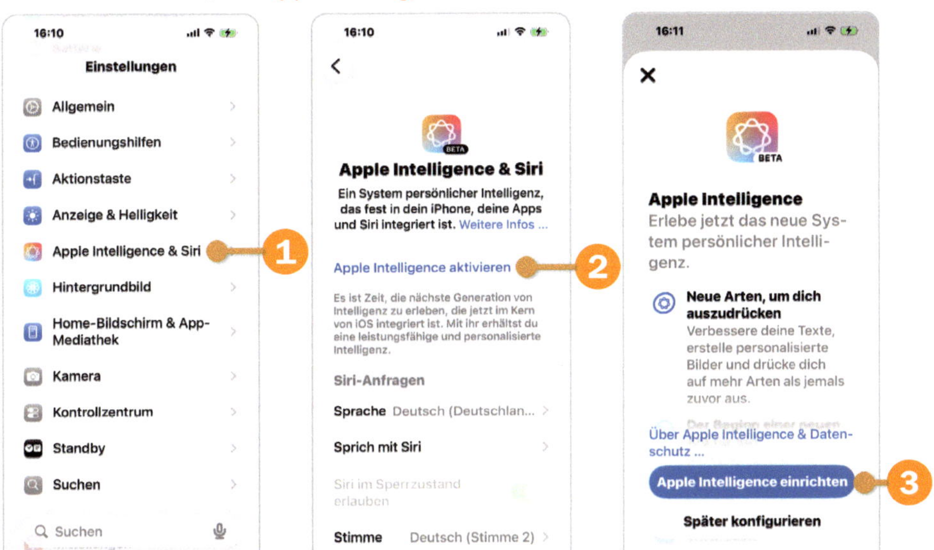

- Nach der Aktivierung tippen Sie auf *Apple Intelligence einrichten* ❸. Anschließend werden Sie durch die ersten Einrichtungsschritte geführt. Dies umfasst das Anpassen der Einstellungen und das Erteilen der notwendigen Berechtigungen, damit Apple Intelligence optimal funktioniert.

Die Integration von ChatGPT in Apple Intelligence erweitert die Fähigkeiten des iPhones erheblich, daher sollten Sie diese Funktion auf jeden Fall auch aktivieren:

- Scrollen Sie in den Apple Intelligence-Einstellungen nach unten zu *ChatGPT* ❹, tippen darauf und dann bei *ChatGPT verwenden* auf *Einrichten* ❺. Bestätigen Sie anschließend die folgenden Bildschirmseiten ❻.

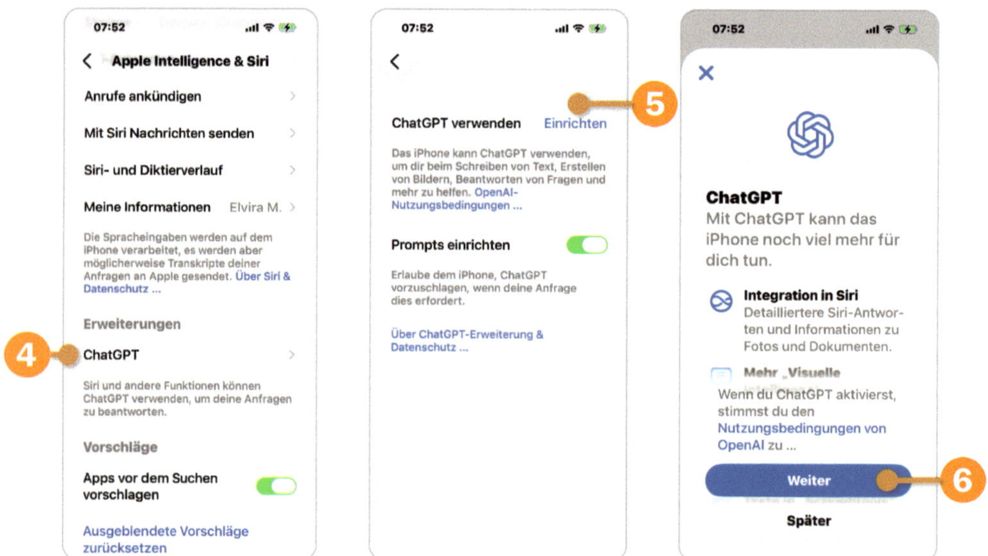

1.6 Bildschirmtastatur verwenden

☛ Sobald Sie in ein Texteingabefeld tippen, wird automatisch die Bildschirmtastatur eingeblendet.

Zum Ausblenden der Tastatur tippen Sie rechts oben auf *Abbrechen* (in den meisten Apps vorhanden). Wir besprechen die Tastatur schon jetzt, weil Sie diese häufig benötigen.

Das Aussehen der Tastatur verändert sich je nach Anwendung. Im Bild links wurde die Suchleiste der Safari-App geöffnet. Aus diesem Grund befindet sich rechts unten der Button → für *Öffnen* ❶, da die Ergebnisse nach Betätigung angezeigt werden.

Im mittleren Bild wurde die App Notizen geöffnet. Hier können z. B. Einkaufslisten eingegeben werden, deswegen finden Sie rechts unten die Taste für eine Zeilenschaltung ❷.

Im rechten Bild befinden wir uns in einem E-Mail-Programm im Eingabefeld für den Adressaten der E-Mail. Deshalb werden auf der Tastatur das @-Symbol und ein Punkt ❸ angezeigt. Mit der Taste für die Zeilenschaltung springen Sie ins nächste Feld.

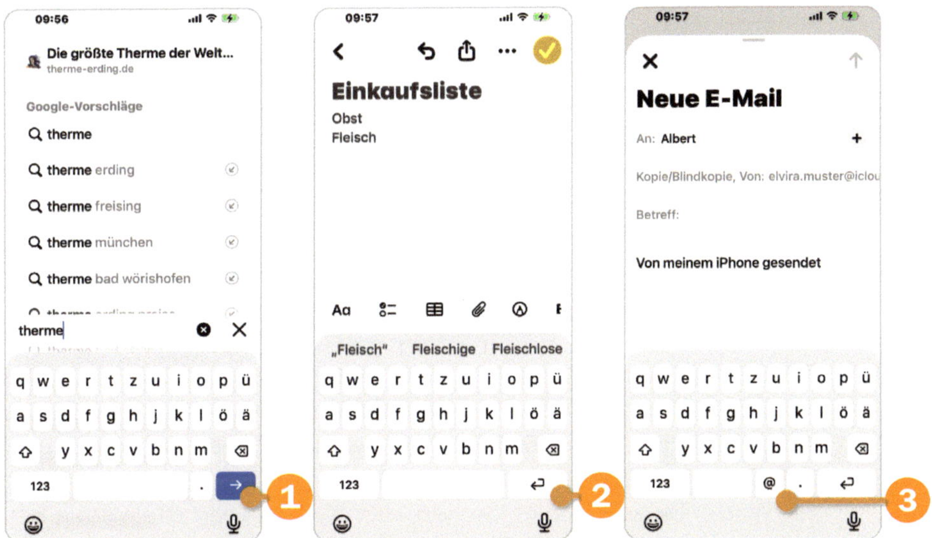

Schnell einen Punkt eintippen: Oft wird neben dem Leerzeichen eine Taste zur Eingabe des Punkts angezeigt. Bei manchen Apps, z. B. Notizen oder Nachrichten fehlt die Taste. Dennoch müssen Sie zur Eingabe eines Punkts am Satzende nicht umständlich zu den Satzzeichen umschalten. Tippen Sie einfach direkt nach dem eingegebenen Wort **doppelt** auf die Taste Leerzeichen Leerzeichen. Dadurch wird ein Punkt eingefügt.

Buchstaben, Sonderzeichen & Co

Groß- und Kleinbuchstaben

Vielleicht ist es Ihnen schon aufgefallen: Wenn Sie in einen Bereich zur Texteingabe tippen, wird der erste Buchstabe immer als Großbuchstabe eingegeben. Das ist automatisch so hinterlegt. Gleiches gilt für die Schreibung nach einem Punkt. Wenn Sie später einen Großbuchstaben eingeben möchten, benötigen Sie die Umschalt-Taste:

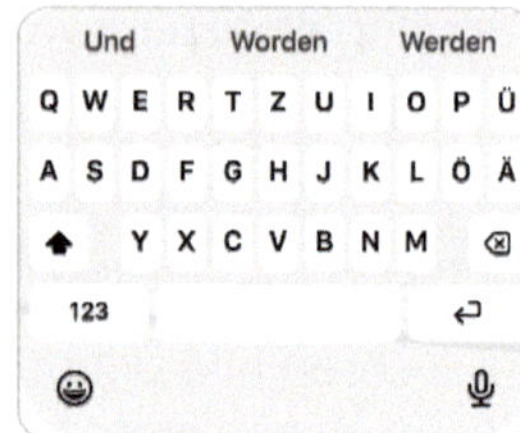

- Zur Eingabe von *Großbuchstaben* muss zuerst die Umschalt-Taste angetippt werden. Der Pfeil wird schwarz ausgefüllt, der Buchstabe kann eingegeben werden.
- Bei doppeltem Drücken der Umschalt-Taste erhält der Pfeil einen Unterstrich und die Großschreibung festgestellt, d. h. es wird alles in Großbuchstaben geschrieben, bis erneut die Umschalt-Taste angetippt wird.

Leerzeichen, Löschen und Cursorsteuerung

Die Texteingabe findet immer am Cursor (blinkender senkrechter Strich) statt:

- Um zwischen zwei Worten ein *Leerzeichen* einzugeben, tippen Sie auf die Leertaste Leerzeichen.
- Mit entfernen Sie alle Zeichen links vom Cursor. Wenn Sie länger mit dem Finger auf der Taste bleiben, werden schnell mehrere Wörter gelöscht. Findet man einen Fehler mitten im Text, müsste man jetzt alle Wörter bis zum Fehler löschen. Hier hilft die Leertaste! Verbleiben Sie mit dem Finger etwas länger auf der Leertaste und ziehen Sie dann mit dem Finger den Cursor an die gewünschte Position.
- Mit der *Zeilenschaltung* erzeugen Sie eine neue Zeile und fügen einen Absatz ein.

Hier finden Sie Satz- und Sonderzeichen

Die Taste 123 schaltet auf ein Tastaturlayout zur Eingabe von Satzzeichen und weiteren Zeichen, wie z. B. € oder @, um. Dort zeigen Sie mit der Taste #+= eine weitere Sonderzeichentastatur an. Die Taste ABC schaltet zurück zur Buchstabentastatur.

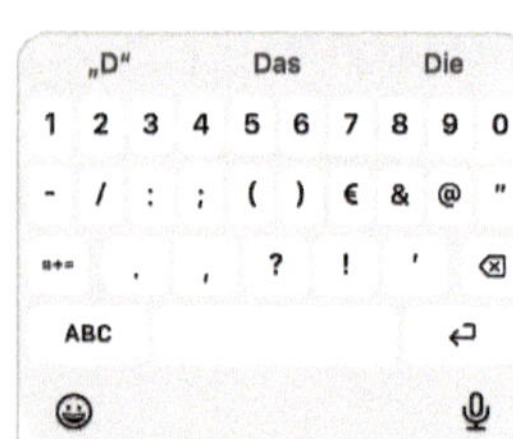

Wo ist eigentlich das ß?

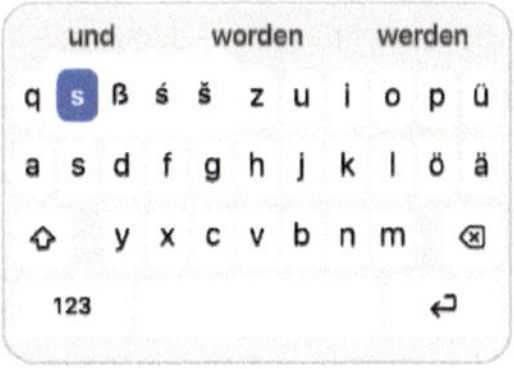

Zur Eingabe spezieller Buchstaben, wie z. B. das spanische ñ, die französische Ligatur œ und natürlich alle Buchstaben mit Akzent, drücken Sie den Finger länger auf die entsprechende Taste, z. B. für das *ß* auf die Taste *s*. Es erscheint ein Zusatzfeld. Hier ist ein Buchstabe bereits ausgewählt. Dieser wird eingefügt, wenn Sie die Taste loslassen. Zur Auswahl eines anderen Buchstabens verbleiben Sie mit dem Finger auf dem Bildschirm und ziehen leicht nach rechts. Die Markierung wechselt ebenfalls nach rechts. Wenn der passende Buchstabe markiert ist, nehmen Sie den Finger vom Display.

Texterkennung

Über der Tastatur erhalten Sie für die aktuelle Eingabe Wort- bzw. Korrekturvorschläge, die durch Antippen übernommen werden können. Erscheinen Worte mit einer hellblauen Markierung, werden diese automatisch durch Drücken der Leertaste eingefügt, z. B. *beim* ❶. Wurde ein Wort automatisch korrigiert, wird es für kurze Zeit mit einer blauen Linie unterstrichen ❷. Das ursprünglich eingegebene Wort wird ebenfalls auf der Leiste angezeigt. Sollten Sie lieber das behalten wollen, tippen Sie es an.

Die Eingabe langer Worte können Sie ebenfalls über die Vorschlagsleiste abkürzen, wie in unserem Beispiel *Fahrradverleih* ❸. Falsch geschriebene oder nicht im Wörterbuch enthaltene Begriffe werden rot unterstrichen ❹.

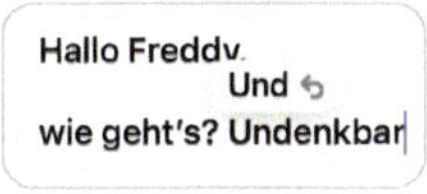

Weitere Wortvorschläge erhalten Sie, wenn Sie mit der Löschen-Taste zurück zum Ende eines Wortes gehen. Dann können Sie zum ursprünglichen Wort zurückkehren.

Darüber hinaus werden auf Grundlage des bereits eingegebenen Texts, Vorschläge für das nächste Wort angezeigt ❺, die ausgewählt werden können.

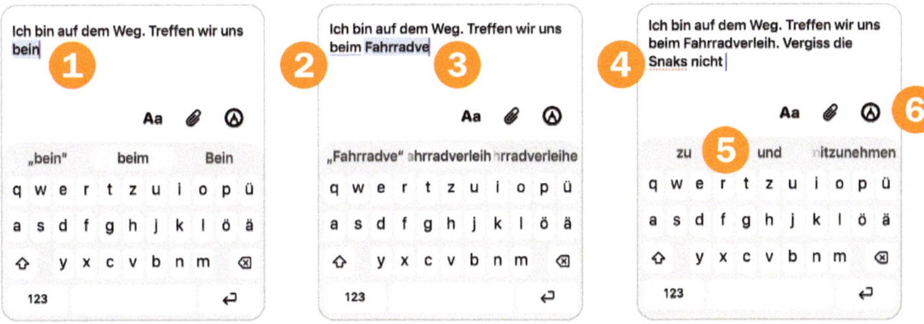

Direkt über der Tastatur befindet sich die Bearbeitungsleiste ❻ (Grafik auf der vorigen Seite). Hier können Sie das Textformat anpassen, Dateien anhängen oder Zeichnungen wie etwa eine Unterschrift einfügen.

Emojis bebildern Gefühle

Emojis, wie lachende Gesichter oder Bilder von Gegenständen, machen Texte fröhlicher und vereinfachen die Eingabe. Mit Emojis drücken Sie Gefühle aus 😍 und ersetzen Worte, wie z. B. „Wir trinken gerade 🍻:

- Zur Anzeige der Emojis tippen Sie auf 😀 ❶. Das Symbol befindet sich links unten auf der Tastatur.
- Beachten Sie, dass Ihnen zur Auswahl mehrere Kategorien zur Verfügung stehen. Der Bereich 🕘 ❷ enthält die zuletzt verwendeten Grafiken. Dann folgen Smileys und Personen, Tiere und Natur, Essen und Trinken, Aktivität, Reisen und Orte usw. In jedem Bereich können Sie durch horizontales Wischen weitere Elemente anzeigen und die nächste Kategorie anzeigen.
- Mit ⌫ ❸ löschen Sie das Emoji wieder.
- Durch Antippen von ABC ❹ links unten zeigen Sie wieder die Bildschirmtastatur an.

Tastatur ausblenden: Benötigen Sie mehr Platz, um beispielsweise einen langen Text durchzulesen, können Sie die Tastatur ausblenden, indem Sie über der Tastatur auf den Bildschirm tippen und die Tastatur nach unten ziehen. Wenn Sie in ein Texteingabefeld tippen, zeigen Sie die Tastatur wieder an.

Text mittels Spracheingabe

Anstatt mühsam zu tippen, diktieren Sie Ihren Text. Tippen Sie auf 🎙 5 (siehe Grafik vorherige Seite). Aktivieren Sie anschließend die Diktierfunktion. Sprechen Sie nun Ihren Text. Während des Diktierens können Sie auch gleichzeitig manuelle Texteingaben machen. Satzzeichen und Emojis können ebenfalls diktiert werden. Um die Spracheingabe wieder zu verlassen, tippen Sie im Text auf 🎙 6 oder erneut auf das Mikrofon-Symbol unten rechts .

Tastatureinstellungen

Manche der beschriebenen Funktionen können verändert werden und sind dann an Ihrem Smartphone vielleicht gerade nicht aktiv oder verhalten sich etwas anders. Hier wurden die Grundfunktionen der Tastatur beschrieben, wie sie standardmäßig eingestellt sind. Änderungen nehmen Sie in den Tastatureinstellungen vor. Tippen Sie auf Ihrer Tastatur etwas länger auf das Emoji-Symbol 😀 und dann auf *Tastatureinstellungen*. Hier können Sie beispielsweise die *Textvorschläge* 7 ausschalten. Dann erhalten Sie keine Textvorschläge (Vorschlagsleiste) mehr. Sie können auch die *Auto-Korrektur* 8 deaktivieren, denn manchmal tut sie nicht das, was sie soll und nervt. Eigentlich soll die Auto-Korrektur den Smartphone-Nutzern helfen, aber manchmal führen die scheinbar willkürlichen Änderungen zu unverständlichen Sätzen.

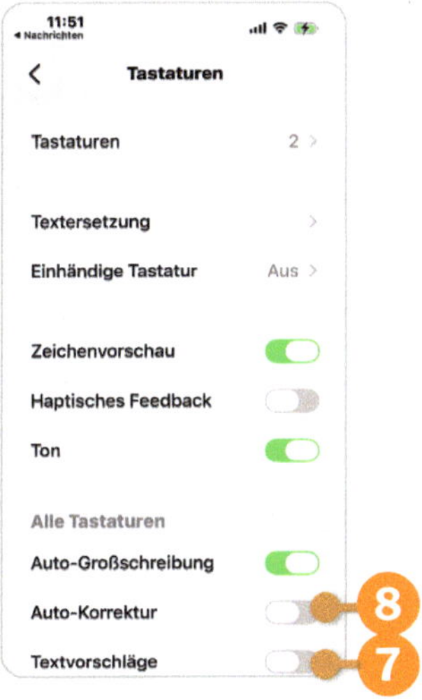

Überaus praktisch ist die haptische Tastatur, die Sie in den *Einstellungen* ⚙ Ihres iPhones aktivieren können. Wählen Sie *Töne & Haptik* aus, wischen Sie nach unten zu *Tastaturfeedback* 9, tippen Sie darauf und ziehen Sie den Regler bei *Haptik* auf *An*. Beim Tippen auf der Tastatur wird nun ein haptisches Feedback (eine leichte Vibration) erzeugt, so als würde man auf echten Tasten tippen.

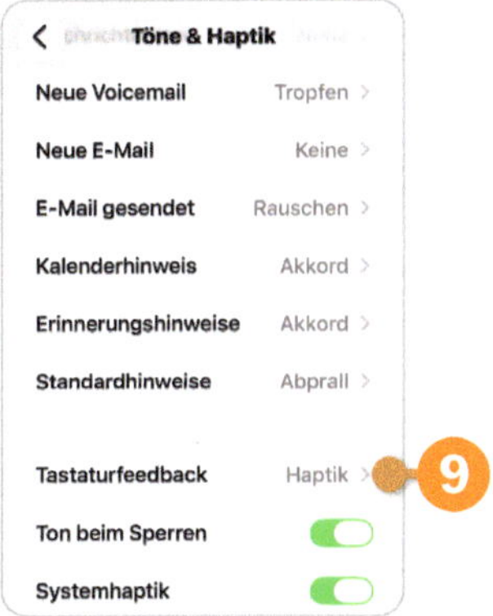

Besser schreiben mit KI

Über die Tastatur erhalten Sie Zugriff auf praktische AI-Funktionen. Apple Intelligence hilft ihnen dabei, Texte direkt auf Ihrem iPhone effizient zu überarbeiten – sei es durch Korrektur, Umformulierung, Zusammenfassung oder sogar vollständige Neuerstellung. Die Schreibtools stehen dabei in allen Apps zur Verfügung, in denen Sie die Tastatur anzeigen können. So ist eine Verwendung in der Notizen-App oder einem E-Mail-Programm ebenfalls möglich.

Rechtschreibung und Grammatik berichtigen

Geben Sie den Text ein und tippen Sie auf das AI-Symbol ❶ über Ihrer Tastatur. Wenn das Symbol nicht zu sehen ist, markieren Sie den Text mit einem leichten Doppeltippen und ziehen die blaue Markierung an den Anfassern über den Text, der geändert werden soll. Dann sollte dieses AI-Symbol ❷ erscheinen - tippen Sie darauf. Wählen Sie nun *Korrekturlesen* ❸ aus. Sie erhalten einen überarbeiteten Text; die berichtigten Teile sind farbig unterstrichen. Über die Pfeiltasten ❹ können Sie sich die einzelnen Korrekturen samt Anmerkungen ansehen. Wollen Sie eine bestimmte Korrektur nicht übernehmen, wählen Sie *Original verwenden* ❺. Wenn Sie links unten auf *Original* ❻ tippen, lässt sich der ursprüngliche Text zum Vergleich anzeigen. Wenn Sie damit zufrieden sind, können Sie durch Antippen des blauen Hakens Ihren Text mit der berichtigten Nachricht ersetzen.

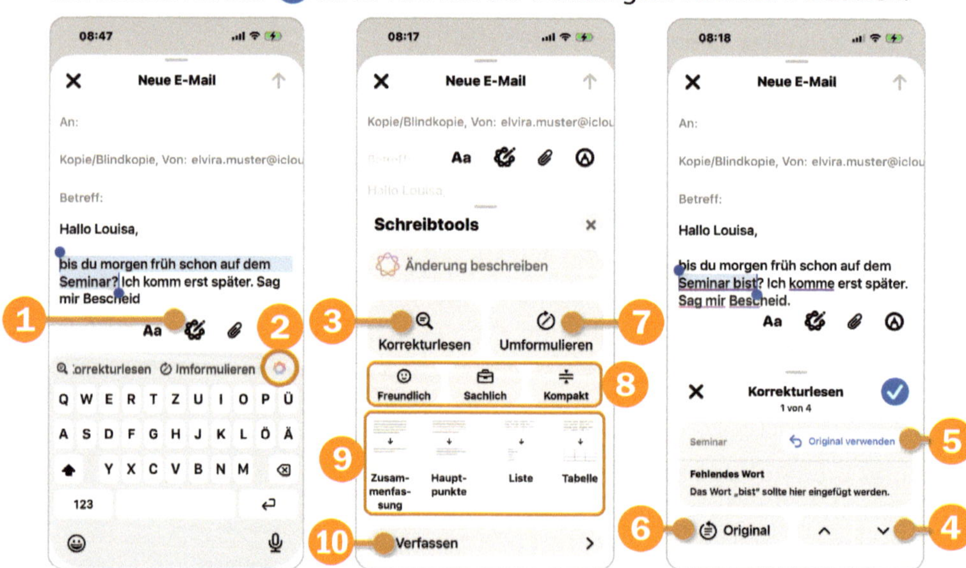

Inhalte sprachlich anpassen

Verändern Sie den Tonfall des Texts; verwandeln Sie ihn in eine höflichere, zwanglosere oder auch professionellere Version oder lassen Sie einfach Emojis hinzufügen. Die Vorgehensweise gleicht der oben beschriebenen. Tippen Sie im zweiten Schritt einfach auf *Umformulieren* 7 (siehe Abbildung auf der vorigen Seite) und übernehmen Sie den Text durch Antippen des blauen Hakens ✓. Sie können aber auch direkt einen bestimmten Stil auswählen: *Freundlich*, *Sachlich*, *Kompakt* 8.

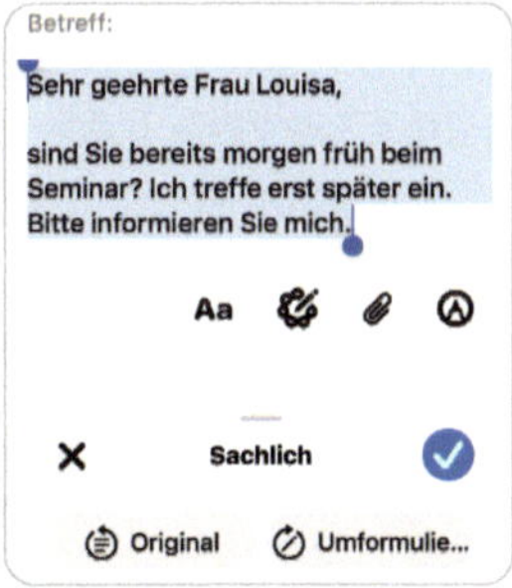

Übersicht schaffen

Nach dem Verfassen oder Lesen eines Textes können Sie eine passende *Zusammenfassung* 9 erstellen. Diese lässt sich entweder als Fließtext oder als Aufzählungspunkte (*Hauptpunkte*) darstellen. Alternativ können Sie den Originaltext auch automatisch in eine *Liste* oder eine *Tabelle* umwandeln. Übernehmen Sie den Text (hier im Beispiel die Tabelle) durch Antippen des blauen Hakens ✓.

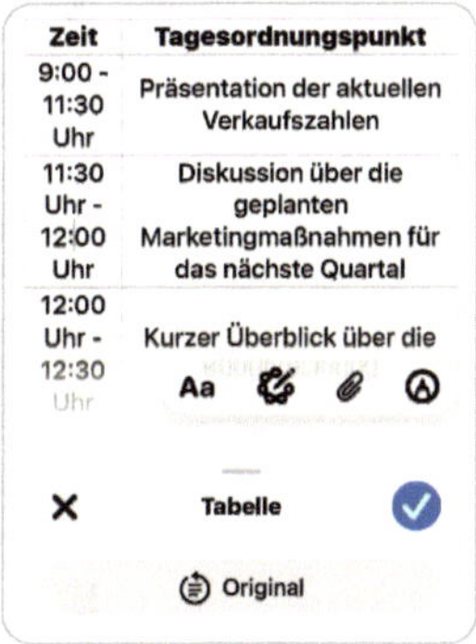

Schnell zum fertigen Text

Mit der Option *Verfassen* 10 können Sie neue Inhalte generieren – ähnlich wie bei einem Chat mit einer KI. Sie geben ein Thema oder eine kurze Beschreibung ein, z. B. "Schreibe eine Einladung zum Meeting", und Apple Intelligence erstellt daraus einen passenden Text. Bestätigen Sie Ihre Eingabe mit ↑ auf Ihrer Tastatur. Sobald der Text erstellt wurde, können Sie ihn weiter anpassen – zum Beispiel umformulieren oder einen Vorschlag von ChatGPT übernehmen. Wenn Ihnen der Text gefällt, tippen Sie auf ✓.

1.7 Statusleiste: Mitteilungszentrale & Kontrollzentrum

Über die Statusleiste, die sich klein am oberen Bildschirmrand befindet, erhalten Sie viele Informationen und können schnell Funktionen Ihres Smartphones ein- bzw. ausschalten.

Mitteilungszentrale

Wischen Sie auf der linken Seite der Statusleiste von oben nach unten. Neue Mitteilungen werden hier angezeigt, ältere können Sie mit einem Wisch von der Mitte nach oben aufrufen. Dabei kann es sich um alles Mögliche handeln, z. B. eine WhatsApp-Nachricht oder eine Geburtstagserinnerung.

iPhones mit Home-Button: Wischen vom oberen Rand des Displays nach unten.

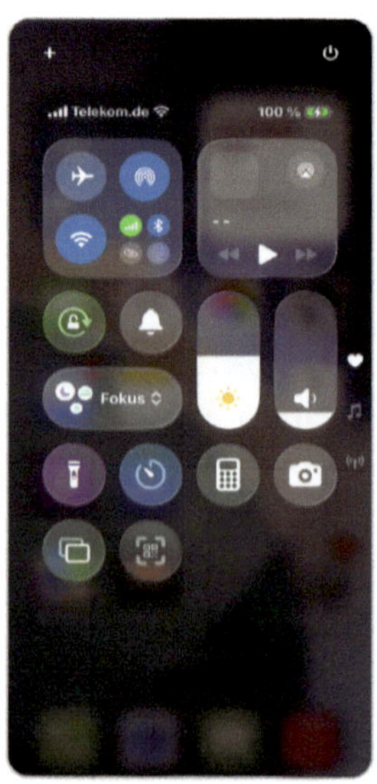

Kontrollzentrum

Wischen Sie auf der rechten Seite der Statusleiste von oben nach unten, um das Kontrollzentrum zu öffnen.

iPhones mit Home-Button: Wischen vom unteren Rand des Displays nach oben.

Hier schalten Sie bestimmte Funktionen ein bzw. aus. Farbige Schaltfläche = aktivierte Funktion.

Hier die wichtigsten Symbole der Statusleiste und ihre Bedeutung:

Symbol	Bedeutung
	WLAN: Balken symbolisieren die Stärke des WLANs (je mehr, desto besser).
	Mobile Daten: Ohne WLAN nutzen Sie die mobilen Daten für eine Internetverbindung.
	Netzempfang: Je höher der Empfang, desto mehr Striche werden angezeigt.
	Akkustand: Der Füllbalken zeigt den Ladezustand des Akkus an (Blitz = Akku wird derzeit aufgeladen).
	Stromsparmodus: Hintergrundaktivitäten werden kurzfristig reduziert, bis das iPhone wieder aufgeladen ist.
	Flugmodus: Der Offline-Modus ist aktiviert, d. h. alle Funkverbindungen sind unterbrochen (inkl. Internet und Telefonie).
	Standortdienst (GPS): Eine App ortet Ihren Standort, z. B. die Karten-App.
	Wecker: Sie haben einen Alarm gestellt.
	Ausrichtungssperre: Wenn aktiv, passt sich das Display beim Drehen des Smartphones nicht an, d. h. der Inhalt dreht sicht nicht mit.
	Nicht stören (Fokus): Anrufe und Mitteilungen werden stummgeschaltet und auch der Bildschirm leuchtet nicht auf.
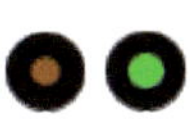	Oranger Punkt in der Statusleiste: Eine App greift auf das Mikrofon zu; grün: Eine App greift gerade auf die Kamera bzw. auf die Kamera und das Mikrofon zu.
	Wegbeschreibung durch eine Navigations-App läuft gerade (z. B. Karten-App, siehe Seite 160).

Kontrollzentrum verstehen und ändern

Das sogenannte Kontrollzentrum stellt Ihnen zahlreiche Schalter und Regler zur Verfügung, mit denen Sie mit wenigen Klicks die wichtigsten Funktionen Ihres Smartphones steuern.

- **Schnelleinstellungen aktivieren bzw. deaktivieren:** Die farbigen Schnelleinstellungen sind aktiv, in der Grafik z. B. WLAN ❶. Durch Antippen aktivieren bzw. deaktivieren Sie die Kacheln.

  Hinweis: Ein aktives WLAN bedeutet nur, dass verfügbare Netze angezeigt werden, nicht dass Sie mit einem WLAN verbunden sind. Die Anzeige von ❷ in der Statusleiste zeigt an, dass eine aktive Verbindung besteht.

- **Mobile Daten:** Tippen Sie auf die verkleinerten Symbole, um weitere Schnelleinstellungen anzuzeigen, z. B. Mobile Daten ❸. Ist momentan kein WLAN verfügbar, stellen Sie eine Verbindung über mobile Daten mit dem Internet her. Deshalb sollten diese auch aktiv sein. So sind Sie auch unterwegs immer mit dem Internet verbunden. Achten Sie darauf, daheim WLAN statt Mobile Daten zu nutzen.

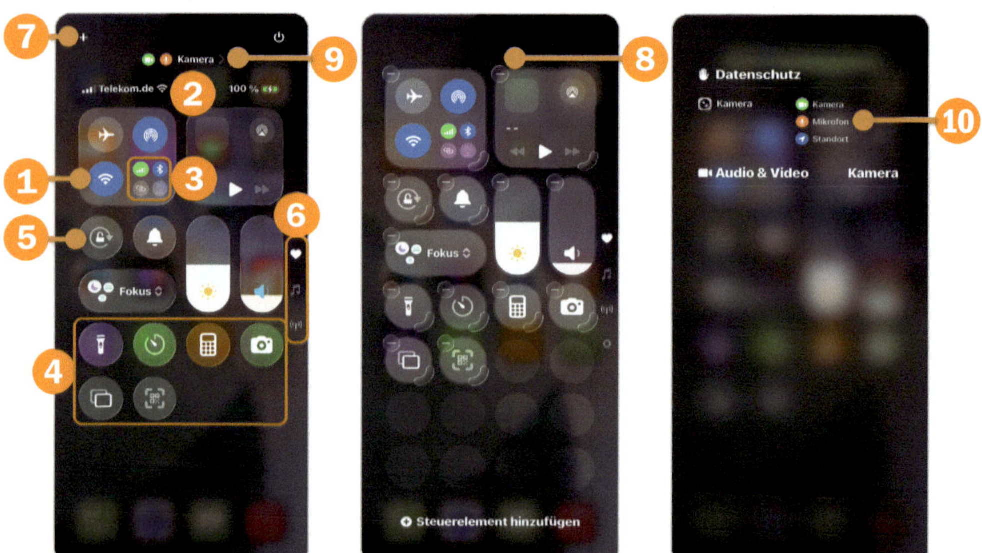

- **Apps öffnen:** Hier ❹ lassen sich Apps öffnen, z. B. Taschenlampe, Kamera.
- **Bildschirm drehen** ❺: Sie können das Handy im Hoch- bzw. Querformat halten und der Bildschirminhalt wird entsprechend angezeigt.

- **Gruppen anzeigen und Schnelleinstellungen bearbeiten:** Die Schnelleinstellungen sind in Gruppen ⑥ zusammengefasst. Wischen Sie nach oben bzw. nach unten, um sie anzuzeigen. Diese können wunschgemäß angepasst werden. Tippen Sie auf das + ⑦ oben rechts und anschließend etwas länger auf eine Kachel, um diese zu löschen, an eine andere Position zu verschieben oder ein neues Steuerelement hinzuzufügen ⑧. Wie das genau funktioniert, erfahren Sie auf Seite 80.
- **Datenschutzbericht:** Ganz oben im Kontrollzentrum liegt ein Datenschutzbericht ⑨ vor, in dem Sie, wenn Sie ihn erweitern, sehen können, welche Apps gerade auf den Standort, das Mikrofon oder die Kamera zugreifen ⑩.

Benachrichtigungen in der Mitteilungszentrale

Sie erhalten eine Vielzahl von Benachrichtigungen verschiedener Apps, beispielsweise bei neuen E-Mails, Chats und vielen mehr. In der Regel ertönt auch ein Signal und die Benachrichtigung ist am Sperrbildschirm sichtbar.

Wenn Sie die Mitteilungszentrale öffnen, werden Nachrichten und aktuelle Mitteilungen in einem Stapel angezeigt. Tippen Sie auf den Stapel, dann erscheinen alle Mitteilungen in einer Liste.

Zum Öffnen der Meldung in der App, hier z. B. die Nachrichten-App, tippen Sie die Meldung an.

Hier können Sie den Stapel wieder verkleinern.

Hier löschen Sie alle Benachrichtigungen.

Benachrichtigungen entfernen: Wer mag, kann durch horizontales Streichen nach links die einzelnen Benachrichtigungen hinauswischen.

Dynamic Island

Die Dynamic Island ist eine Funktion, die ab iPhone 14 eingesetzt wird. Sie ersetzt die alte Notch, die eine feste Aussparung am oberen Bildschirmrand war und die Frontkamera sowie Sensoren enthielt. Im Gegensatz zur Notch, die statisch war und immer gleich aussah, ist die Dynamic Island flexibel. Sie kann ihre Größe und Form ändern.

Hier werden Systembenachrichtigungen, z. B. beim Ein- bzw. Ausschalten des Tons über den Lautlos-Schalter oder das Laden des Akkus kurz eingeblendet. Es werden aber auch laufende App-Aktionen angezeigt, z. B. die Restzeit eines eingestellten Timers (siehe auch Seite 143), Navigationshinweise der Karten-App ❶ (siehe auch Seite 160) oder ein eingehender Anruf ❷. Beim Ablauf des Timers, einem eingehenden Anruf u. v. m. erweitert sich die Dynamic Island automatisch, sodass die Bedienung leichter fällt. Der Vorteil der Dynamic Island ist, dass beim Öffnen einer anderen App, diese über der App angezeigt wird. So sehen Sie beide Informationen.

Anders als bei Systembenachrichtigungen kann man mit App-Benachrichtigungen interagieren: Tippen Sie entweder kurz auf die Dynamic Island, um die App zu öffnen, oder tippen Sie etwas länger darauf, wie beispielsweise beim Abspielen von Musik aus Spotify (einer beliebten Musik-App), um die Bedienelemente ❸ anzuzeigen.

1.8 iPhone aus- und einschalten

Zugegebenermaßen wird das Smartphone nicht oft ausgeschaltet. Manchmal schaltet man es, z. B. im Theater oder Kino, ab, um sicherzustellen, dass niemand gestört wird. Ein anderer Klassiker ist der niedrige Akkustand, der einen veranlasst, das Handy auszuschalten, um vielleicht am Zielort noch einen Anruf tätigen zu können. Wichtig ist, bevor Sie das Smartphone ausschalten, sollten Sie die PIN Ihrer SIM-Karte kennen, sonst können Sie das Gerät nicht weiter verwenden.

PIN der SIM-Karte

Die PIN der SIM-Karte erhalten Sie zusammen mit Ihrer SIM-Karte. Sie müssen die PIN der SIM-Karte immer dann eingeben, wenn das Smartphone neu gestartet wurde. Die SIM-Karten-PIN darf nur dreimal falsch eingegeben werden, dann ist die Karte gesperrt und Sie benötigen den PUK, den Sie ebenfalls zusammen mit Ihrer SIM-Karte bekommen haben. Diesen meist achtstelligen Code müssen Sie dann eingeben, um Ihr Smartphone wieder zu entsperren. Aus diesem Grund ist es wichtig, dass Sie das Schreiben, das Ihrer SIM-Karte beilag, gut aufbewahren.

Zum Ausschalten drücken Sie die Seitentaste und die Leiser- bzw. Lauter-Taste etwas länger und ziehen den Schieberegler bei *Ausschalten* nach rechts.

Alternativ rufen Sie die *Einstellungen* auf, tippen auf *Allgemein*, anschließend ganz unten auf *Ausschalten* und ziehen Sie dann den Schieberegler bei *Ausschalten* nach rechts.

Oder Sie öffnen das Kontrollzentrum, indem Sie von rechts oben nach unten wischen und tippen dann rechts oben auf .

Für Smartphones mit Home-Button reicht es aus, nur die Seitentaste etwas länger zu drücken. Dadurch erscheint der Schieberegler zum Ausschalten des iPhones.

2 Das iPhone schützen

Das Smartphone als ständiger Wegbegleiter enthält viele persönliche Daten. Deshalb sollten Sie es unbedingt vor unbefugtem Zugriff anderer schützen. Stellen Sie sich vor, Sie verlieren das iPhone und jeder kann mit einem Wisch telefonieren, Ihre geknipsten Bilder betrachten oder Ihre Nachrichten lesen. Das iPhone bietet zwei Möglichkeiten, das Smartphone zu schützen - entweder mittels Code oder Gesichtserkennung (auch Face-ID genannt).

iPhones mit Home-Button stellen Gesichtserkennung noch nicht zur Verfügung, hier können Sie stattdessen das iPhone mittels vorher eingescanntem Fingerabdruck entsperren. Diesen legen Sie dazu auf den Home-Button.

2.1 Displaysperre mit Code

- Öffnen Sie die *Einstellungen* und anschließend den Punkt *Face ID & Code* ❶ und wischen ein wenig nach unten.

  Bei Smartphones mit Home-Taste müssen Sie hier die Kategorie *Touch ID & Code* auswählen. Hier können Sie einen *Code aktivieren* und einen *Fingerabdruck hinzufügen*.

- Tippen Sie auf *Code aktivieren* ❷ und geben Sie eine sechsstellige Zahlenkombination ein.

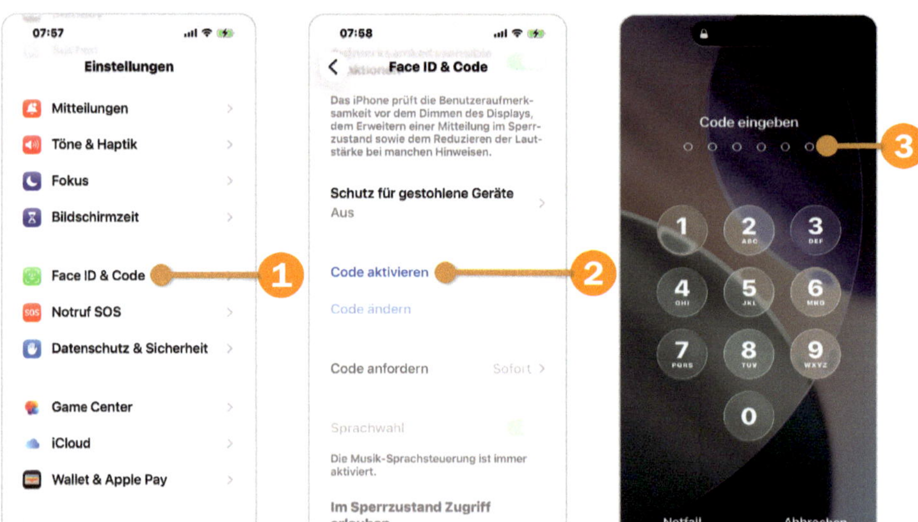

- Wiederholen Sie die sechsstellige Zahl, so wird sichergestellt, dass Sie sich nicht vertippt haben.
- Zur Sicherheit werden Sie gebeten, das Passwort Ihres Apple Accounts einzugeben. Das ist kein Muss, aber es wird empfohlen! Geben Sie daher das Passwort ein und tippen Sie oben rechts auf *Anmelden*. Wenn Sie das Passwort nicht eingeben und auf *Abbrechen* tippen, wird der Code trotzdem gespeichert und Ihr Smartphone geschützt.

Beim nächsten Entsperren des Smartphones, streichen Sie, wie gewohnt, über den Bildschirm und geben dann den sechsstelligen Code ❸ ein.

2.2 Gesichtserkennung aktivieren

Wem die Eingabe des Codes zu umständlich ist, kann die Gesichtserkennung (Face-ID) aktivieren. Das iPhone erkennt Ihr Gesicht mittels Frontkamera und entsperrt dann das Smartphone automatisch. Die Gesichtserkennung wird immer zusätzlich zu einer sicheren Bildschirmsperre verwendet. Sie müssen also auch hier zunächst einen Code festlegen. Die alternative Methode dient unter anderem dazu, sicherzustellen, dass Sie das Smartphone entsperren können, auch wenn die Gesichtserkennung einmal nicht funktioniert.

- Gehen Sie in die *Einstellungen* Ihres Smartphones und tippen Sie hier auf *Face ID & Code*. Wenn Sie einen Code eingerichtet haben, müssen Sie diesen nun eingeben. Wählen Sie anschließend *Face ID konfigurieren* ❶ aus und tippen Sie auf *Los geht's* ❷.
- Auf dem folgenden Bildschirm müssen Sie Ihr Gesicht nun vor der Kamera positionieren und im Rahmen halten. Um Ihr Gesicht von allen Seiten festzuhalten, bewegen Sie Ihr Gesicht in kreisenden Bewegungen. Achten Sie auf die grünen Balken des Kreises, diese müssen vollständig sein.
- Im Anschluss werden Sie gefragt, ob Sie Face ID mit Maske verwenden wollen. Das ist nicht zwingend notwendig, tippen Sie daher auf *Später konfigurieren*. Tippen Sie dann auf *Fertig*.

Normalerweise funktioniert die Gesichtserkennung sehr gut. Beispielsweise auch, wenn Sie gerade eine Brille tragen, die beim Einscannen fehlte. Sollte es bei Ihnen zu Problemen kommen, versuchen Sie ein weiteres Erscheinungsbild, also Ihr Gesicht z. B. mit Brille, hinzuzufügen. Dazu tippen Sie auf *Alternatives Erscheinungsbild konfigurieren* ❸ und folgen Sie den Anweisungen, wie in den vorherigen Punkten beschrieben.

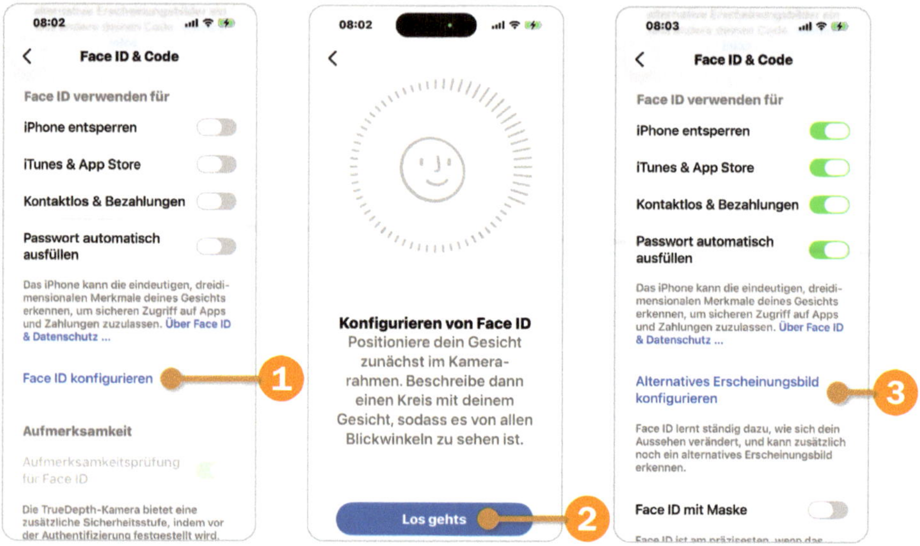

iPhone entsperren

Nachdem Sie eine Face ID festgelegt haben, funktioniert das Entsperren Ihres Smartphones denkbar einfach. Sie müssen es nur in Richtung Ihres Gesichts halten und der obere Bereich 4 darf nicht abgedeckt sein. Dann werden Sie sofort erkannt, was durch ein geöffnetes Schlosssymbol 5 dargestellt wird. Wischen Sie dann vom unteren Bildschirmrand nach oben.

> Sollten Sie Ihr iPhone komplett ausschalten, müssen Sie anschließend beim ersten Entsperren Ihres Smartphones zunächst den sechsstelligen Code und dann die PIN der SIM-Karte eintippen, auch wenn Sie das normalerweise mit Gesichtserkennung erledigen. Bei einem Neustart des iPhones ist das leider nicht möglich.

Gesicht vom Smartphone löschen

Um die Gesichtserkennung zu deaktivieren, öffnen Sie die *Einstellungen*, wählen *Face ID & Code* aus, geben Sie Ihren Code ein und tippen Sie auf *Face ID zurücksetzen*.

2.3 Das verlorene iPhone orten

Über iCloud.com/find können Sie schnell ausfindig machen, wo sich Ihr Smartphone befindet.

Wichtig!
Die Ortungsfunktion Ihres iPhones bietet unseres Erachtens mehr Vor- als Nachteile. Wenn Sie das Gerät verloren haben, können Sie es so wiederfinden oder zumindest via Fernzugriff die Daten auf Ihrem Smartphone löschen. Ganz klar ist aber auch, dass jeder, der über Ihre E-Mail-Adresse und das dazugehörige Kennwort verfügt, über diesen Dienst sehen kann, wo sich Ihr iPhone und in diesem Fall auch Sie sich gerade befinden. Deshalb ist es wichtig, diese Daten sicher zu verwahren.

Zur Ortung muss die Standortermittlung aktiviert sein. Wenn Sie die Funktion *Wo ist?* verwenden, kann das Smartphone sogar geortet werden, wenn es offline ist.

- Gehen Sie in die iPhone-*Einstellungen*, tippen Sie auf *Datenschutz & Sicherheit* und dann auf *Ortungsdienste*.
- Kontrollieren Sie, ob der Schalter ganz oben bei *Ortungsdienste* auf *Ein* steht.
- Tippen Sie unter diesem Menüpunkt auf *Standort teilen*, anschließend auf *Mein iPhone suchen* und stellen Sie den Schalter bei *"Wo ist?"-Netzwerk* auf *Ein*.

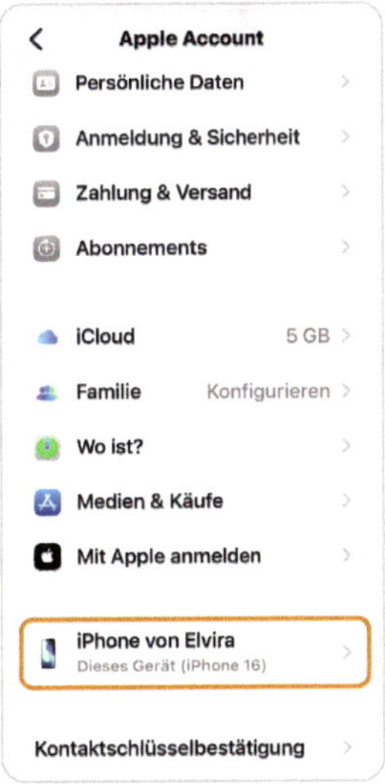

Auf folgendem Weg können Sie auch in Ihrem Profil kontrollieren, ob *Mein iPhone suchen* aktiviert ist:

- In den *Einstellungen* tippen Sie ganz oben auf Ihr Profil und anschließend auf das zu verwendete iPhone-Modell (hier: *iPhone von Elvira*).
- Wählen Sie nun den Eintrag *Mein iPhone suchen* aus und schieben Sie den Schalter gegebenenfalls auf *Ein*.

Wenn Sie Ihr iPhone verloren haben, gehen Sie so vor:

- Verwenden Sie Ihren Laptop oder Computer und geben Sie in den Browser die folgende Adresse ein:

  iCloud.com/find

- Tippen Sie auf *Anmelden*. Geben Sie Ihre Apple-E-Mail-Adresse ein und wählen Sie *Mit Passwort fortfahren* aus. Geben Sie das zugehörige Kennwort ein.

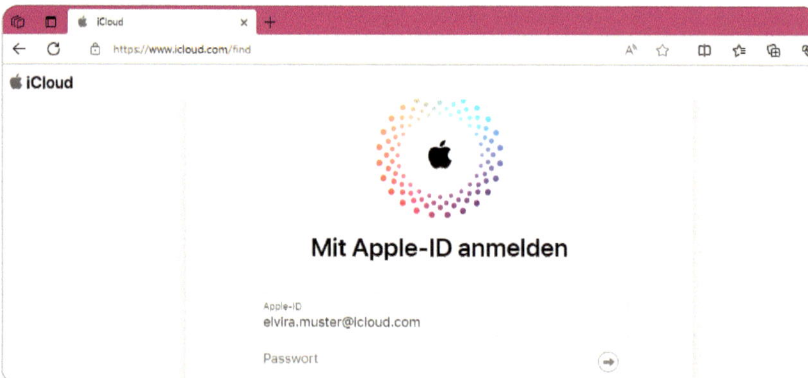

- Sie erhalten dann einen Kartenausschnitt, auf dem Sie sehen, wo sich Ihr Smartphone gerade befindet bzw. zuletzt geortet wurde.

3 Das iPhone personalisieren

3.1 Automatische Sperre festlegen

Vielleicht passiert Ihnen das gerade - das iPhone „geht ständig aus". Wenn Sie für kurze Zeit nichts am Smartphone machen, wird der Bildschirm ausgeschaltet und das Handy automatisch mit dem Sperrbildschirm geschützt. Diese Funktion nennt sich Automatische Sperre. Jetzt müssen Sie wieder den Bildschirm entsperren – das nervt. Vor allem weil die automatische Sperre standardmäßig auf 30 Sekunden eingestellt ist. Das schont zwar den Akku, ist aber am Anfang einfach zu kurz. So verlängern Sie den Zeitraum:

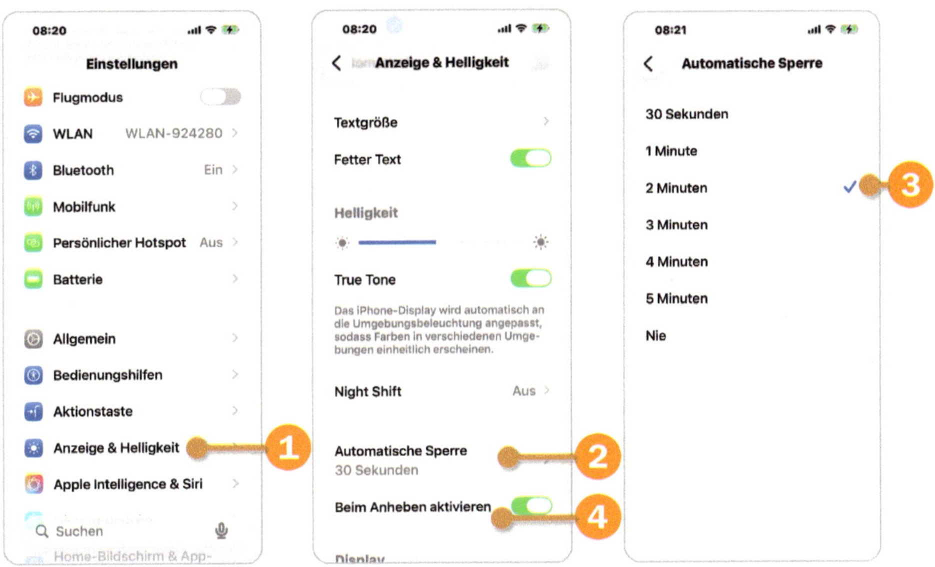

- Öffnen Sie die *Einstellungen* und tippen auf *Anzeige & Helligkeit* ❶.
- Tippen Sie dann auf *Automatische Sperre* ❷ und wählen einen längeren Zeitraum, z. B. *2 Minuten* ❸. Das geht etwas zu Lasten des Akkus, aber Sie können das jederzeit wieder ändern.
- Tippen Sie dann links oben auf <, um das Untermenü zu verlassen.

Tipp: Wenn Sie das iPhone aufnehmen, wird der Sperrbildschirm angezeigt. Das liegt daran, weil die Funktion *Beim Anheben aktivieren* ❹ eingeschaltet ist.

3.2 Schriftgröße bestimmen und Helligkeit anpassen

Können Sie Text auf dem Smartphone schlecht lesen? Dann vergrößern Sie einfach die Schrift.

- **Schriftgröße verändern:** Rufen Sie die *Einstellungen* auf und wählen Sie *Anzeige & Helligkeit*. Scrollen Sie nach unten und tippen Sie dann auf *Textgröße* ❶. Hier können Sie mit dem Schieberegler die gewünschte Größe einstellen, ziehen Sie einfach den weißen Punkt ❷ etwas nach rechts. Dabei sehen Sie die Änderungen sofort.
- **Fetter Text:** Um eine noch bessere Lesbarkeit zu erreichen, können Sie einstellen, dass Text fett hervorgehoben wird. Schieben Sie den Schalter bei *Fetter Text* einfach auf *Ein* ❸.
- Zusammen mit der Schrift können auch die angezeigten Symbole und Steuerelemente, wie z. B. App-Symbole, Benachrichtigungsfelder etc., vergrößert werden. Dazu tippen Sie auf *Anzeigezoom* ❹ und anschließend auf *Größerer Text* ❺.

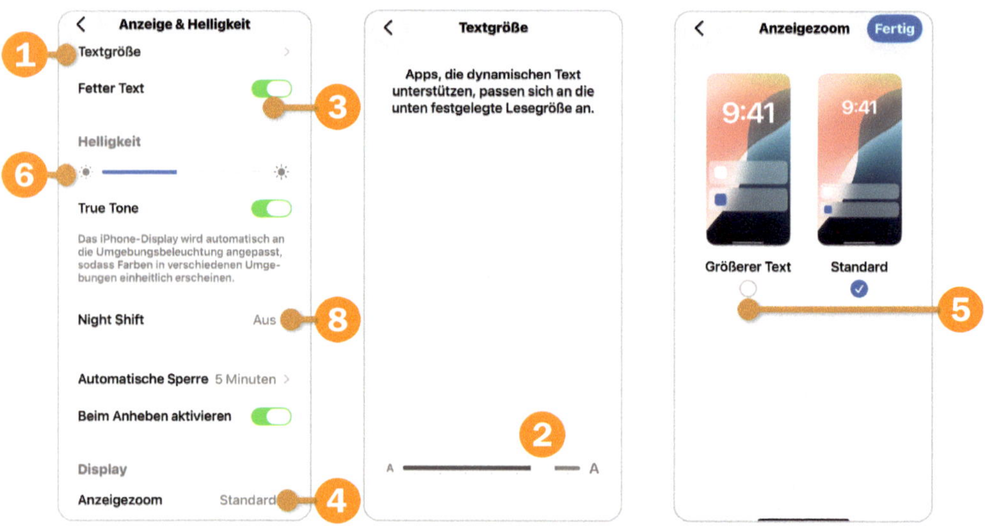

- Gute Lesbarkeit hat natürlich auch etwas mit der Helligkeit des Bildschirms zu tun. Über den Regler ❻ können Sie die Helligkeit des Bildschirms anpassen. Erinnern Sie sich an die Schnelleinstellungen? Hier finden Sie ebenfalls den Helligkeitsregler ❼.

- Auch das Umgebungslicht hat Einfluss darauf, welche Bildschirmhelligkeit wir als angenehm empfinden. Die Funktion *Auto-Helligkeit* passt die Helligkeit automatisch auf Grundlage der vorherrschenden Lichtverhältnisse an. Die Funktion ist standardmäßig aktiv. Sie finden Sie unter *Einstellungen* ▶ *Bedienungshilfen* ▶ *Anzeige & Textgröße* ▶ *Auto-Helligkeit*.
- Die Einstellungen zum *Erscheinungsbild* finden Sie ebenfalls im Bereich *Anzeige & Helligkeit*. Es ist standardmäßig auf *Hell* eingestellt, d. h. die Hintergründe der Apps und Auswahlmenüs sind in hellen Farben gehalten. Mit der Auswahl von *Dunkel* werden dunkelgraue bzw. schwarze Hintergründe und weiße Schrift verwendet.

Was macht die Funktion Night Shift? Night Shift filtert aus der Bildschirmanzeige blaues Licht und das Display erstrahlt gelblicher und dadurch wärmer. Die Idee dahinter ist, die Funktion zumindest abends einzuschalten, da das helle, blaue Licht als eine Art Muntermacher wirkt und das Einschlafen verzögern kann. Vollständig wissenschaftlich belegt ist das noch nicht, aber vieles deutet darauf hin. Sie finden die Funktion *Night Shift* ❽ in den *Einstellungen* unter *Anzeige & Helligkeit*. Hier können Sie den Regler bei *Geplant* nach rechts auf die Position *Ein* ziehen. Damit ist die Funktion dauerhaft aktiv und passt sich der angegebenen Tageszeit an, die eingestellt ist. Ändern Sie die Uhrzeiten nach Belieben, wenn Sie darauf tippen, oder wählen Sie die Option *Sonnenuntergang bis -aufgang*. Sie können Night Shift aber auch einfach im Kontrollzentrum aktivieren. Öffnen Sie das Kontrollzentrum und tippen Sie etwas länger auf den Helligkeitsregler. Unten finden Sie dann die Funktion *Night Shift* ❾, tippen Sie darauf.

- Und nun noch ein Wort zur *Bildschirmentfernung*. Standardmäßig ist diese Funktion eingeschaltet, d. h. dass eine Meldung auf dem Bildschirm erscheint, sobald der Abstand zwischen iPhone und Augen für eine längere Zeit zu gering ist. So kann eine Überanstrengung der Augen verhindert werden. Wer allerdings darauf verzichten will, kann diese Funktion ausschalten: Öffnen Sie die *Einstellungen* und tippen Sie dann auf *Bildschirmzeit*. Hier wählen Sie *Bildschirmentfernung* und ziehen den Regler auf *Aus*.

3.3 Eigenes Hintergrundbild auswählen

Persönliche Bilder als Hintergrund machen sich immer gut – seien es Fotos von den eigenen Haustieren, ein Urlaubsbild oder Aufnahmen von den Kindern oder Enkeln. Am einfachsten ist es, wenn Sie das Foto mit Ihrem iPhone geknipst haben. Diese Variante stellen wir hier vor:

- Zeigen Sie in der Fotos-App das gewünschte Foto an (mehr zu dieser App erfahren Sie auf Seite 128) und tippen Sie links unten auf ❶. Scrollen Sie nach unten und wählen Sie *Als Hintergrund* ❷ aus.
- Sie erhalten dann eine Vorschau. Durch Antippen des Fotos und ziehen, können Sie den Bildausschnitt ggf. noch ein wenig verändern. Außerdem können Sie das Hintergrundbild mit einem Filter versehen. Wischen Sie dazu einfach von rechts nach links über das Bild. Zur Auswahl stehen *Schwarz-Weiß*, *Duoton* und *Einfärben*. Mit *Natürlich* wird das Original betitelt. Tippen Sie dann rechts oben auf *Hinzuf.*
- Anschließend tippen Sie auf *Home-Bildschirm anpassen* ❸. Wir empfehlen hier rechts unten die Option *Weichzeichnen* durch Antippen zu deaktivieren, sodass das Bild klar und nicht verschwommen auf dem Home-Bildschirm angezeigt wird. Tippen Sie dann auf *Fertig*. Das Bild wird jetzt auf dem Home- und dem Sperrbildschirm angezeigt.
- Hinweis: Mit *Als Hintergrundpaar festlegen* ❹ und dann Auswahl von *Fertig* rechts oben schließen Sie die Auswahl eines neuen Hintergrundbilds ab, ohne Änderungen daran vorzunehmen.

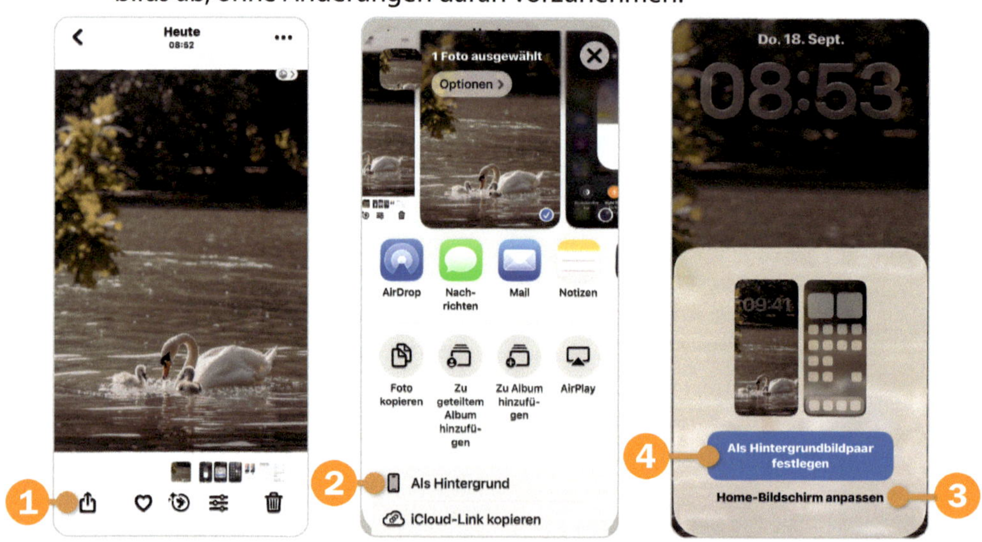

3.4 Klingelton einstellen

Sie mögen den Klingelton Ihres Telefons nicht? Das lässt sich ändern:

- Rufen Sie die *Einstellungen* Ihres Smartphones auf und tippen Sie dann auf die Kategorie *Töne & Haptik* ❶.
- Tippen Sie auf *Klingelton* ❷.
- Hier können Sie aus einer Vielzahl von Klingeltönen auswählen. Tippen Sie einfach einen Eintrag der Liste ❸ an. Der gewählte Klingelton ertönt. Falls nicht, überprüfen Sie die Lautstärke (siehe Seite 154).
- Wenn Ihnen ein Ton gefällt, verlassen Sie das Auswahlmenü mit < links oben. Der neue Ton ist jetzt gespeichert und wird verwendet.

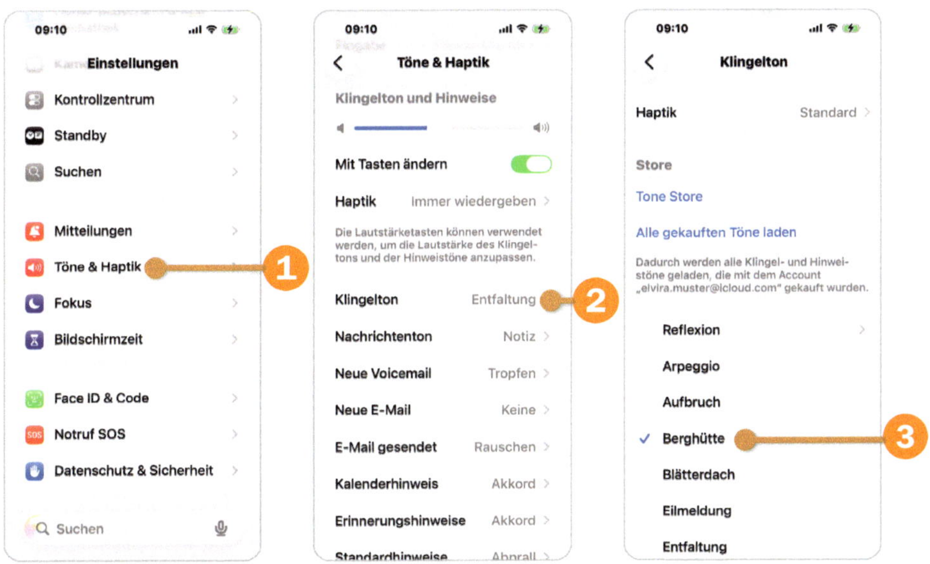

3.5 Alles rund um den Home-Bildschirm

Mit einem aufgeräumten Home-Bildschirm lässt es sich viel besser arbeiten! Entfernen Sie alles vom Home-Bildschirm, was Sie jetzt nicht brauchen, Sie können es jederzeit wieder hinzufügen. Und ändern Sie nach Belieben das Design und die Farbe Ihrer auf dem Home-Bildschirm befindlichen Apps und Widgets.

Home-Bildschirm aufräumen

App vom Home-Bildschirm entfernen: In diesem Beispiel entfernen wir die Apple-tv-App vom Home-Bildschirm. Sie finden Sie danach wieder in der Mediathek.

- Tippen Sie etwas länger auf die App, die Sie vom Home-Bildschirm entfernen möchten. Wählen Sie im Menü *App entfernen* ❶ und anschließend *Vom Home-Bildschirm entfernen*.

App verschieben: Eine App kann von einem zum anderen Home-Bildschirm verschoben oder nur ihre Bildschirmposition verändert werden. Dabei können Sie die Apps frei positionieren, ohne auf starre Raster achten zu müssen:

- Drücken Sie mit dem Finger auf eine App, bis das Menü angezeigt wird. Bewegen Sie sie noch einmal leicht, bis sie wackelt. Jetzt können Sie die App an die gewünschte Position ziehen.
- Wenn die App auf einem anderen Bildschirm sein soll, ziehen Sie sie an den Rand, bis der andere Bildschirm erscheint.

Ordner: Manche Apps benötigen Sie vielleicht öfter, sodass es unpraktisch ist, dass diese sich in einem Ordner verstecken, z. B. die App *Rechner*.

- Öffnen Sie den Ordner *Dienstprogr.* durch Antippen. Tippen Sie etwas länger auf die App *Rechner* ❷ und ziehen diese dann nach oben. Der Home-Bildschirm wird angezeigt. Positionieren Sie dann die App ❸.

- **Profitipp! Eigenen Ordner anlegen:** Ziehen Sie eine App auf eine andere, so wird ein Ordner angelegt. Wenn Sie auf den Ordner tippen und darin auf Ordner, können Sie einen Namen vergeben.

Design und Farbe von Apps ändern

Seit iOS 18 ist es möglich, das Aussehen der Apps auf dem Home-Bildschirm zu verändern. Egal ob groß, klein, Standard, dunkel, durchsichtig oder eingefärbt in diversen Farben - die Optionen für die App-Symbole sind breit gefächert.

- Um in den Bearbeitungsmodus zu gelangen, drücken Sie etwas länger mit dem Finger auf den Home-Bildschirm, bis alle Apps anfangen zu wackeln. Tippen Sie dann links oben auf *Bearbeiten* ❶ und anschließend auf *Anpassen* ❷.
- Im oberen Bereich des sich geöffneten Fensters finden Sie Einstellungen zum Hintergrundmodus sowie zur Größe der Apps ❸. Wenn Sie auf ☼ tippen, wird der Hintergrund des Home-Bildschirms dunkel dargestellt - bei nochmaligem Tippen wird der Hintergrund wieder hell. Die Größe der Apps können Sie über die Symbole *Klein* oder *Groß* (bei dieser Einstellung verschwinden die Namen unterhalb der Apps) bestimmen.
- Tippen Sie auf *Dunkel* ❹, wenn die Apps in einem dunklen Design auf Ihrem Home-Bildschirm zu sehen sein sollen. *Standard* ist die gewohnte Darstellungsart, während *Transparent* ❺ zu durchsichtigen Apps führt, sodass das Hintergrundbild stärker in den Vordergrund tritt.
- Tippen Sie auf *Eingefärbt* ❻ und verwenden Sie die Farbregler darunter ❼, um die Farbe der Apps nach Ihren Wünschen zu ändern.

3.6 Widgets verwenden

Mit Widgets werden aktuelle Informationen bereitgestellt oder ein schneller Zugriff auf Anwendungen ermöglicht. Über Widgets erhalten Sie z. B. Wetterinfos oder eine Anzeige aktueller Termine. Widgets sind in verschiedenen Größen auf dem Home-Bildschirm bzw. in der Heute-Ansicht angeordnet.

Widget entfernen, hinzufügen & verschieben

Tippen Sie mit dem Finger etwas länger auf eine freie Stelle des Home-Bildschirms oder der Heute-Ansicht ❶. Dadurch beginnen alle Widgets und Apps zu wackeln und stehen für eine weitere Bearbeitung jetzt zur Verfügung:

- **Widget verschieben:** Wackelnde Widgets können zwischen den einzelnen Home-Bildschirmen und auch auf die Heute-Ansicht verschoben werden. Halten Sie das Widget gedrückt, verschieben Sie es an eine andere Position oder ziehen Sie es an den Rand des Bildschirms, um es auf eine andere Seite zu legen. Die Größe der wackelnden Widgets kann übrigens an der rechten unteren Ecke verändert werden.
- **Widget entfernen:** Über das – ❷ entfernen Sie unerwünschte Widgets. Bestätigen Sie mit *Entfernen*.
- **Widget hinzufügen:** Durch Antippen von *Bearbeiten* ❸ links oben fügen Sie ein neues Widget hinzu. Dazu gleich noch mehr.
- Bestätigen Sie mit *Fertig* ❹ rechts oben.

> **Alternative Widget löschen:** Tippen Sie etwas länger mit dem Finger auf das Widget und wählen Sie im Menü *Widget entfernen* ❺ aus.

Wetter-Widget

Es ist überaus praktisch, auf einen Blick zu sehen, wie das Wetter wird, deswegen legen wir das Wetter-Widget auf den Home-Bildschirm. Tippen Sie, wie bereits beschrieben, etwas länger auf eine freie Stelle des Home-Bildschirms und wählen Sie links oben *Bearbeiten* und dann *Widget hinzufügen* aus.

- Scrollen Sie vertikal durch die Widget-Liste und tippen Sie auf *Wetter* ❶.
- Ihnen werden verschiedene Anzeigeoptionen angeboten. Es kann entweder die aktuelle Wetteranzeige, die stündliche Tageswettervorhersage oder auch die wöchentliche Vorhersage ausgewählt werden. Tippen Sie dann auf *Widget hinzufügen* ❷ und verschieben Sie es, wenn nötig. Ziehen Sie ggf. an der weißen unteren Ecke, um es zu vergrößern.

Zunächst müssen Sie erlauben, dass das Wetter-Widget auf Ihren aktuellen Standort zugreift. Nur so erhalten Sie passende und aktuelle Informationen.

- Tippen Sie das Wetter-Widget an und wählen Sie dann *Beim Verwenden der App erlauben* ❸ aus. Tippen Sie dann *Fortfahren*.

Tipp: In den *Einstellungen* ▶ *Datenschutz & Sicherheit* ▶ *Ortungsdienste* sehen Sie, welche Apps auf den Standort zugreifen dürfen. Durch Antippen der App können Sie die Zugriffsberechtigung wieder ändern.

Durch Antippen des Wetter-Widgets erhalten Sie eine stündliche Tageswettervorhersage und eine Vorschau auf die nächsten zehn Tage. Weiter unten finden Sie Informationen, z. B. zum Luftdruck, zur Feuchtigkeit etc. ▶

Erinnerungen-Widget

Es gibt noch weitere Widgets und jede neue App, die Sie installieren, kann auch ein neues Widget mitbringen. Mit dem Widget der App *Erinnerungen* können Sie sich angelegte Listen oder andere Erinnerungen, die Sie erledigen müssen, nicht nur im Widget anzeigen lassen, sondern darin einzelne Punkte direkt im Widget abhaken, ohne dabei die App zu öffnen.

- Tippen Sie etwas länger mit dem Finger auf eine freie Stelle des Home-Bildschirms und wählen Sie oben rechts *Bearbeiten* und dann *Widget hinzufügen* aus.
- Wischen Sie vertikal durch die Liste, bis Sie *Erinnerungen* finden und wählen Sie das Widget aus. Entscheiden Sie sich dann für eine der Anzeigeoptionen ❹. Treffen Sie Ihre Auswahl und tippen Sie auf *Widget hinzufügen* ❺. Verschieben Sie das Widget an die passende Position.

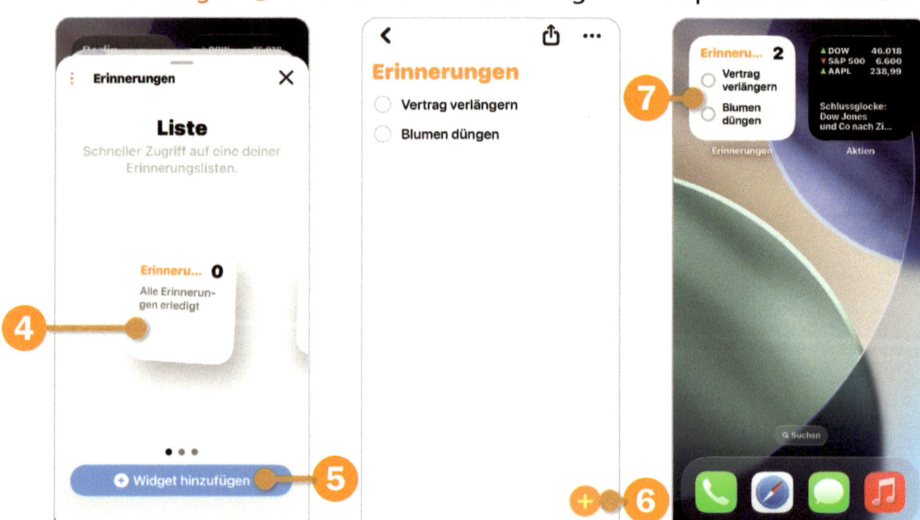

- **Erinnerung erstellen:** Tippen Sie auf das Widget *Erinnerungen* und anschließend rechts unten auf + für eine neue Erinnerung ❻. Geben Sie die einzelnen Punkte nacheinander ein, jeweils getrennt mit der Enter-Taste. Schließen Sie die App wieder.
- Die erstellte Liste wird nun im Widget *Erinnerungen* angezeigt ❼. Tippen Sie einen Punkt an, gilt er als erledigt und verschwindet aus dem Widget.

Widget-Stapel

Mehrere Widgets können auch in einem Container zusammengefasst werden. Das wird als Smart-Stapel bezeichnet und ist vergleichbar mit Ordnern, in denen man mehrere Apps sammelt. Der Stapel spart Platz. Ob es sich bei dem angezeigten Element überhaupt um einen Stapel handelt, sehen Sie beispielsweise an den Punkten neben dem Stapel oder wenn Sie länger auf das Widget drücken. Im Menü finden Sie dann den Befehl *Stapel entfernen*.

Um durch einen Stapel zu blättern und das nächste Widget anzuzeigen, wischen Sie das Widget kurz nach oben bzw. unten ❽.

Stapel erstellen: Einen eigenen Stapel erstellen Sie, in dem Sie ein Widget ❾ auf das andere ziehen.

3.7 Sperrbildschirm anpassen

Sie können den Sperrbildschirm ganz nach Ihren Wünschen personalisieren und mit Widgets weitere Informationen anzeigen. Ein neues Sperrbildschirmdesign muss das alte nicht ersetzen. Sie können dieses behalten und nach einiger Zeit auch wieder zurückwechseln.

Hintergrundbild einstellen

Auf Seite 70 haben wir ein privates Foto als Hintergrundbild hinterlegt. Wer das nicht möchte, kann auch einfach einen der vorgefertigten Hintergründe verwenden.

Neue Sperrbildschirmseite erstellen: Um in den Bearbeitungsmodus für den Sperrbildschirm zu wechseln, tippen Sie diesen etwas länger an. Sollten Sie nicht Face ID verwenden, sondern einen Entsperrcode, geben Sie diesen ein. Tippen Sie unten rechts auf ⊕ ❶.

- Jetzt können Sie aus verschiedenen Kategorien auswählen, z. B. *Astronomie*, *Wetter*, *Emoji* oder *Zufällige Fotos* ❷. Wenn Sie oben eine Kategorie wählen, z. B. Zufällige Fotos, können Sie aus intelligenten Fotosammlungen mit Themen wie Personen, Haustiere, Natur oder Städte auswählen, die dann auf dem Sperrbildschirm angezeigt werden. Sie können Ihre eigenen Fotos aber auch manuell auswählen. In den Rubriken darunter wurde bereits eine Auswahl getroffen. Das gilt für fast alle Kategorien. Die Kategorien *Wetter* und *Astronomie* benötigen den Zugriff auf den Standort ❸, um passende Informationen anzuzeigen.

- Tippen Sie das Gewünschte an. Wenn Sie anschließend in der Vorschauansicht horizontal nach links wischen, haben Sie mehrere Auswahlmöglichkeiten, z. B. verschiedene Perspektiven, Größen oder Filter ❹.

- Tippen Sie dann rechts oben auf *Hinzuf.* und anschließend auf *Als Hintergrundbildpaar festlegen*. Die Auswahl wird nun auf dem Sperrbildschirm und mit einem Weichzeichner versehen auf dem Home-Bildschirm angezeigt.

- Soll der Home-Bildschirm einen anderen Hintergrund erhalten als der Sperrbildschirm? Dann drücken Sie etwas länger auf den Sperrbildschirm und tippen im Bearbeitungsmodus auf *Anpassen*. Hier wählen Sie *Home-Bildschirm* und anschließend *Foto*. Wählen Sie das Gewünschte aus.

Hintergründe löschen: Es lassen sich mehrere Sperrbildschirme anlegen. Sollte es zu unübersichtlich werden, löschen Sie einzelne Sperrbildschirme, indem Sie sie in der Übersicht nach oben wischen und dann auf *Löschen* tippen und mit *Dieses Hintergrundbild löschen* bestätigen.

Widget-Felder bearbeiten

Widgets können auch auf dem Sperrbildschirm angezeigt werden. Von Vorteil ist, dass das iPhone nicht entsperrt werden muss, um über Widgets auf einen Blick Wetterinfos, Erinnerungen oder Kalendereinträge etc. einzusehen.

Tippen Sie etwas länger auf den Sperrbildschirm und dann bei dem zuvor ausgewählten Hintergrund auf *Anpassen*. Sie können nun die drei Felder, die Widgets enthalten, antippen und bearbeiten (Übersicht siehe nächste Seite):

- Wollen Sie die Tastenbelegung für die Taschenlampe und Kamera ändern, tippen Sie auf – ❶ und dann auf + ❷. Wählen Sie dann eine andere Funktion aus, z. B. Rechner, Lupe etc.

Im obersten Feld ❸ können Sie neben dem Datum weitere Widgets auswählen, z. B. Aktien, Erinnerungen oder Wetter. Das Datum wird dann in Kurzform angezeigt.

Das mittlere Feld ❹ enthält die Uhrzeit. Es können keine weiteren Widgets hinzugefügt werden, aber die Schrift und Farbe der Uhrzeitanzeige sind veränderbar.

Im unteren Feld ❺ können Sie bis zu vier Widgets anlegen. Bereits vorhandene Widgets entfernen Sie, durch Antippen von –. Wählen Sie dann das neue Widget aus.

3

4

5

▶ Wenn Sie nun alle Widgets bearbeitet haben, wählen Sie dann rechts oben *Hinzuf.* und *Als Hintergrundpaar festlegen*.

3.8 Kontrollzentrum personalisieren

Das Kontrollzentrum ist die Schaltzentrale für den Schnellzugriff auf viele Funktionen. Sie müssen also nicht die Einstellungen-App öffnen und umständlich nach Funktionen suchen, sondern Sie können sie einfach über das Kontrollzentrum erreichen und gegebenenfalls ein- oder ausschalten. Wie Sie das Kontrollzentrum nach Ihren Bedürfnissen anpassen können, geht wie folgt:

▶ Wischen Sie vom oberen rechten Eck des Bildschirms nach unten.

▶ Das Kontrollzentrum ist in mehrere Seiten gegliedert: *Favoriten*, *Musik* und *Verbindungen* ❶. Um zu den einzelnen Seiten zu navigieren, wischen Sie vertikal nach oben bzw. unten. Welche Seite gerade ausgewählt ist, sehen Sie an dem weißen Symbol auf der rechten Seite.

- Sie können weitere Seiten hinzufügen. Tippen Sie dazu links oben auf + ❷, dann auf den Kreis auf der rechten Seite unterhalb der Standardsymbole ❸ und anschließend unten auf *Steuerelement hinzufügen* ❹. Wählen Sie nun die passenden Funktionen aus. Verkleinern oder vergrößern Sie die Symbole, indem Sie mit dem Finger auf die untere rechte Ecke tippen, gedrückt halten und ziehen ❺.
- Ordnen Sie die Symbole nach Belieben an oder tippen Sie auf - ❻ oberhalb des Symbols, um Funktionen aus dem Schnellzugriff zu entfernen.

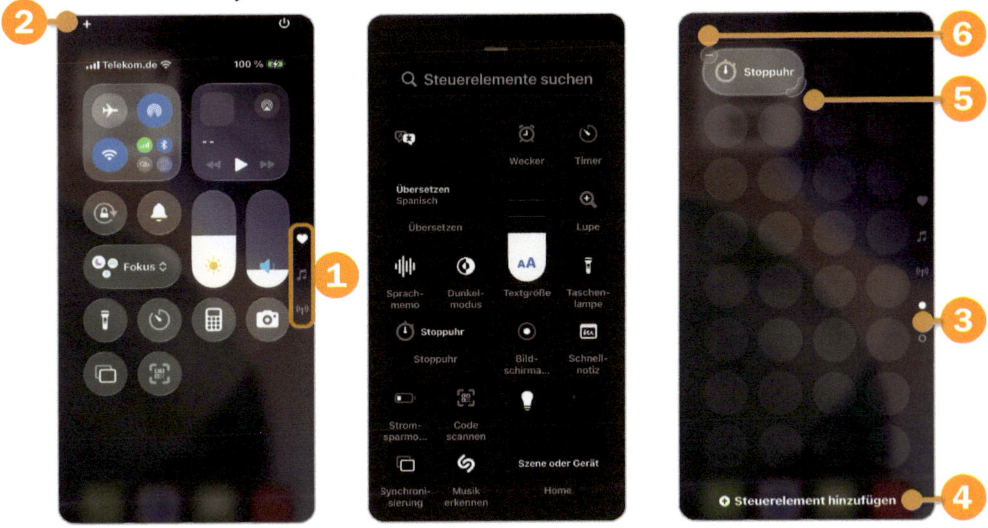

3.9 Standby: Nützliche Informationen im Querformat

Mit dem Standby-Modus kann man das iPhone in ein smartes Display verwandeln, das viele praktische Infos anzeigt. Damit sich der Standby-Modus automatisch einschaltet, muss das iPhone gesperrt, an einem Ladekabel angeschlossen sein und im Querformat gehalten oder abgestellt werden. Eine kompatible Ladestation kann erworben werden, ist aber nicht zwingend erforderlich. Wenn sich das iPhone im Standby-Modus befindet, werden Apps und Widgets im großen und gut lesbaren Design angezeigt.

Standby-Modus aktivieren

Der Standby-Modus ist standardmäßig aktiviert. Sollte das bei Ihnen nicht der Fall sein, befolgen Sie diese Schritte:

- Öffnen Sie die *Einstellungen* ❶ Ihres iPhones, scrollen Sie etwas hinunter und tippen Sie auf *Standby* ❷.
- Ziehen Sie den Schalter bei *Standby* ❸ auf *Ein*.
- Der *Nachtmodus* ❹ sollte ebenfalls eingeschaltet sein. Dann wird nachts ein rötliches und sanfteres Bildschirmlicht verwendet.

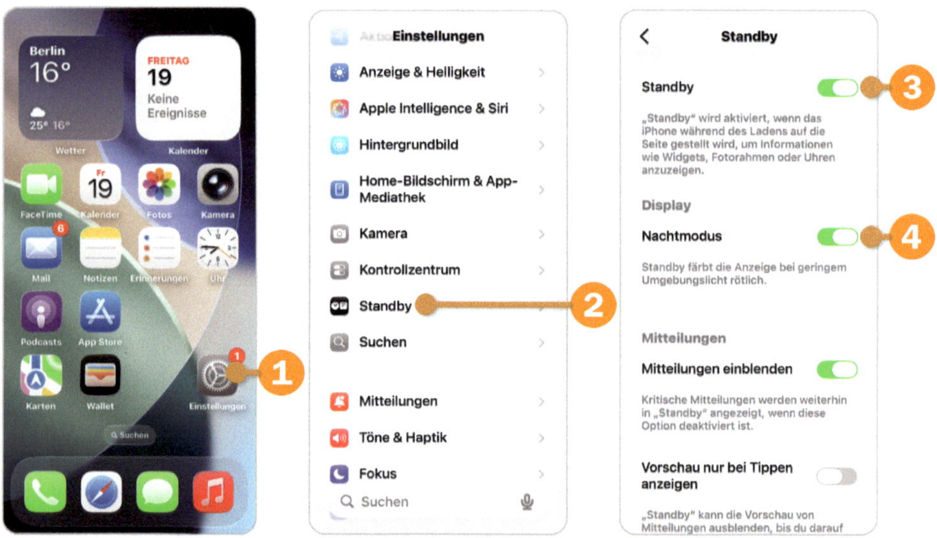

Wenn diese Einstellungen getroffen wurden, stecken Sie das iPhone an das Ladekabel und schalten Sie es dann in den Sperrzustand, indem Sie die Funktionstaste auf der rechten Seite drücken. Der Bildschirm ist nun schwarz. Drehen Sie das Smartphone ins Querformat und bewegen Sie es nicht mehr. Warten Sie einen Moment, bis dieser Bildschirm erscheint:

- Tippen Sie dann auf *Fortfahren* ❺.
- Anschließend wird die Standardanzeige mit dem Uhr-Widget und Kalender-Widget eingeblendet ❻. Mit einer Wischbewegung in vertikaler Richtung nach unten bzw. nach oben können andere Widgets angezeigt werden, z. B. Wetter, Aktien etc.
- Es gibt noch zwei weitere Standby-Ansichten: Wischen Sie in horizontaler Richtung weiter nach links, dann sehen Sie Fotos aus Ihren Fotoalben ❼ mit Uhrzeit und Datum und wenn Sie zur letzten Ansicht wischen, können Sie das passende Uhrzeitformat auswählen ❽. Auch hier können Sie mit einer Wischbewegung nach oben bzw. unten andere Uhr-Widgets einblenden.
- Sie können die angezeigten Widgets bearbeiten. Dazu bleiben Sie etwas länger mit dem Finger auf dem Widget. Wie man Widgets bearbeitet, haben Sie bereits auf Seite 79 erfahren.

> Wenn das iPhone flach auf dem Tisch liegt, funktioniert der Standby-Modus nicht, es muss quer gehalten oder gestellt werden!

3.10 Mitteilungen und Berechtigungen

Mitteilungen verwalten

Sie erhalten eine Vielzahl von Mitteilungen verschiedener Apps, z. B. über neue E-Mails, WhatsApp-Nachrichten, Infos aus dem App Store und vieles mehr. In der Regel ertönt auch ein Signal. Falls Sie von einer App keine Benachrichtigung erhalten möchten, gehen Sie so vor:

- Öffnen Sie die *Einstellungen* und tippen Sie auf *Mitteilungen* ❶.
- Im Bereich *Mitteilungsstil* ❷ werden in der Regel alle Apps aufgeführt, die auf Ihrem iPhone installiert sind. Wenn Sie auf eine der Apps tippen, legen Sie fest, ob und wie Sie Mitteilungen erhalten.
- Wollen Sie von der App keine Mitteilungen, z. B. Töne, Kennzeichen oder eine visuelle Darstellung erhalten, dann ziehen Sie den Schalter bei *Mitteilungen erlauben* ❸ auf *Aus*.
- Wichtige Mitteilungen werden sofort zugestellt und verbleiben für einen längeren Zeitraum auf dem Sperrbildschirm. Das ist praktisch, also belassen Sie den Schalter bei *Dringliche Mitteilungen* ❹ auf *An*.

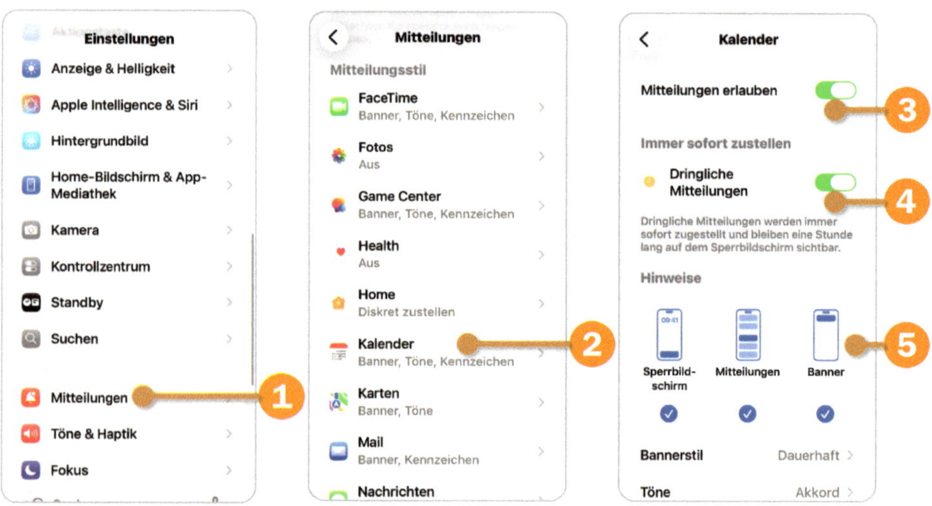

- Bestimmen Sie außerdem, wo die Mitteilungen angezeigt werden sollen ❺. Zur Auswahl stehen *Sperrbildschirm*, *Mitteilungen* (Benachrichtigungen in der Mitteilungszentrale) und *Banner* (eine kurze Einblendung der Benachrichtigung am oberen Bildschirmrand). Sie können eine einzelne Option, aber auch mehrere Optionen gleichzeitig auswählen.

Berechtigungen kontrollieren

Vielleicht kennen Sie das jetzt schon: Beim Öffnen von Apps oder beim Ausprobieren einer speziellen App-Funktion erscheint eine Meldung, die Sie auffordert, den Zugriff auf einen bestimmten Bereich des Smartphones zuzulassen. Dabei ist es schwer, pauschal zu sagen, auf was eine App zugreifen darf. Beispielsweise benötigen Messenger-Apps, wie z. B. WhatsApp oder Threema, Zugriff auf Ihre Kontakte. Wenn ein einfaches Spiel auf Ihre Kontakte zugreifen möchte, ist das zumindest ungewöhnlich.

- Öffnen Sie die App *Einstellungen*. Die Apps, deren Berechtigungen Sie erteilen oder entziehen können, befinden sich ganz unten unter *Apps* ❶. Darin sind alle Apps aufgeführt.
- Tippen Sie die App an, deren Berechtigungen Sie kontrollieren möchten, z. B. *Karten*. Ganz oben sehen Sie, auf welche Bereiche die App *Karten* zugreifen darf.

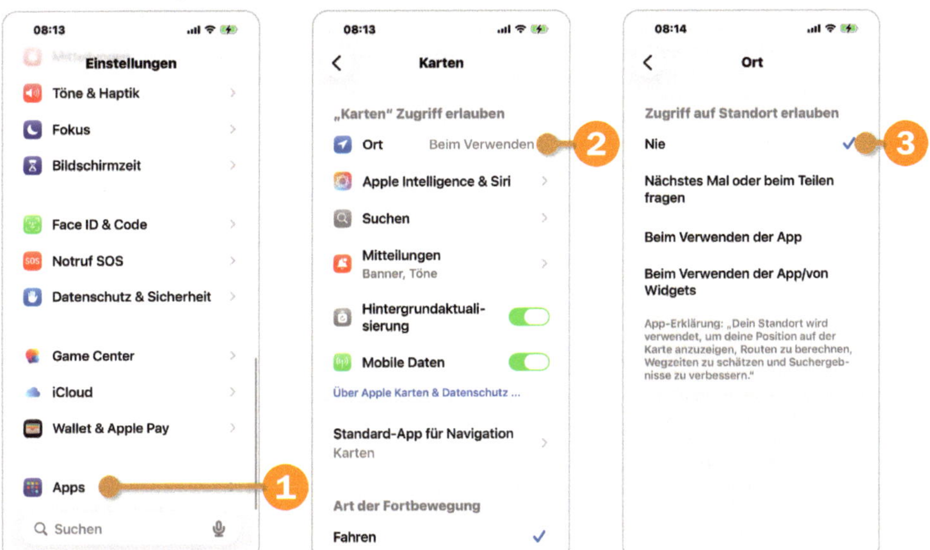

- Durch Antippen von *Standort* ❷ sehen Sie, in welcher Weise die App die Standortinformationen nutzt. Mit Auswahl von *Nie* ❸ würden Sie den Zugriff verbieten, was aber für eine effiziente Nutzung der App Karten nicht ratsam ist.

4 Alles rund um Apps

Ohne Apps ist das Smartphone nicht zu gebrauchen. Wie man Apps findet, installiert und verwaltet, erfahren Sie in den nächsten Abschnitten.

Was sind eigentlich Apps?
Eine App (Application) ist eine Anwendungssoftware mit unterschiedlichen Funktionen. Sie können mit Apps Ihr Smartphone erweitern, sodass es zu einem ganz individuellen Gerät wird.

4.1 App im App Store finden und installieren

Apps erhalten Sie im Apple App Store. Teilweise werden Ihnen Apps auch über Webseiten angeboten. Davon würden wir abraten, da Sie so die Kontrollfunktionen des Stores nicht nutzen und es wahrscheinlicher wird, sich samt der App Schadsoftware zu installieren. Wir zeigen Ihnen hier, wie Sie den App Store von Apple verwenden. Hier finden Sie alle Apps, die Sie benötigen. Öffnen Sie den *App Store*:

- Tippen Sie rechts unten auf *Suchen* ❶ und dann auf die Suchleiste im unteren Bereich. Geben Sie über die Tastatur den Namen der App ein, z. B. WhatsApp. Sie müssen das meist gar nicht ausschreiben, weil eine Liste mit Vorschlägen ❷ angezeigt wird, aus der Sie durch Antippen auswählen.
- Anstatt des Namens der App können Sie in das Suchfeld auch eingeben, was Sie tun möchten, z. B. Pflanzen bestimmen ❸. Sie erhalten eine Trefferliste mit passenden Apps, aus der Sie eine auswählen können.
- Wenn Sie sich im Bereich *Suchen* befinden, tippen Sie auf den Stapel links unten, um wieder zu den anderen Bereichen zu gelangen.

- **Stöbern:** Der Store ist in die Bereiche *Heute*, *Spiele*, *Apps*, *Arcade* und *Suchen* ❹ unterteilt. *Heute* zeigt aktuelle Vorschläge für ausgewählte Apps. Durch vertikales Wischen zeigen Sie die verschiedenen Inhalte an. Das gilt auch für die anderen Bereiche.

- In den Bereichen Spiele und Apps finden Sie weitere Unterkategorien, z. B. Gratis-Apps oder *Must-Have Apps*. Wenn Sie eine Kategorie interessiert, tippen Sie auf den nebenstehenden Pfeil > ❺ oder wischen Sie App für App in horizontaler Richtung.

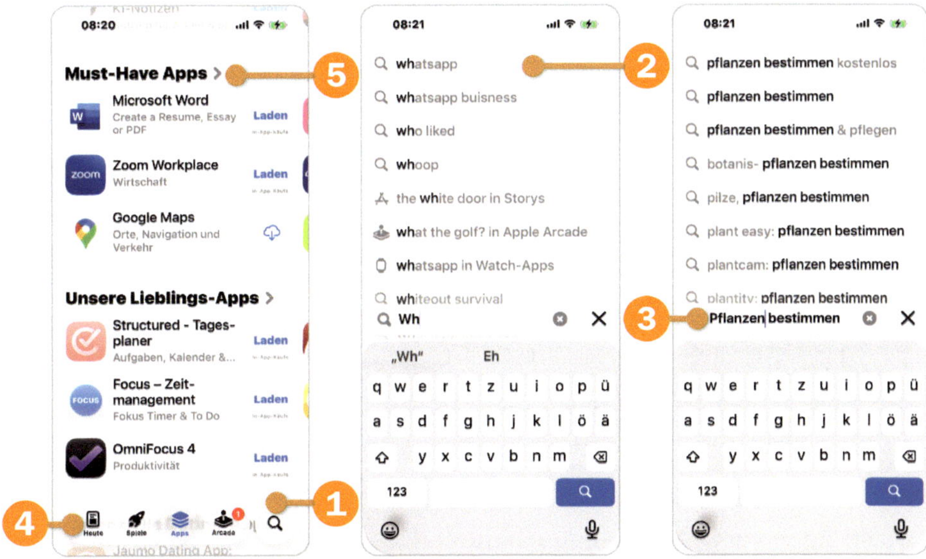

- **Trefferliste:** Nach einer Suchanfrage erhalten Sie eine lange Liste ❻ mit Apps, die zu Ihrer Anfrage passen. Wischen Sie vertikal nach oben, um weitere Treffer anzuzeigen.

- Durch Antippen einer App in der Liste erhalten Sie weitere Informationen:
  - Wählen Sie *Mehr* ❼ und Sie erhalten eine ausführliche Beschreibung zur App.
  - Viele Downloads bedeuten, dass eine große Anzahl an Menschen die App installiert hat. Das ist nicht immer ein Qualitätskriterium, aber als Hinweis nützlich.
  - Wischen Sie vertikal über den Bildschirm und zeigen Sie die *Bewertungen & Rezensionen* an. Die Meinung anderer Nutzer ist oft hilfreich.
  - Wenn Ihnen die App gefällt, tippen Sie auf *Laden* ❽.

- Sollten Sie die App nicht installieren wollen, gelangen Sie mit dem Pfeil links oben ❾ wieder zur Trefferliste.

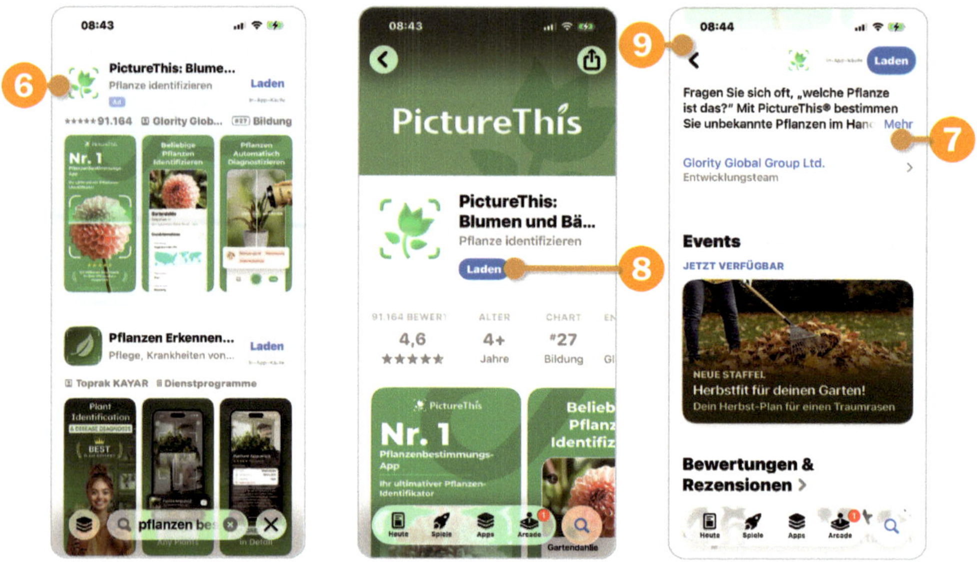

Apple Account vervollständigen, um Apps zu installieren

Sobald Sie das erste Mal eine App herunterladen wollen, egal ob kostenlos oder kostenpflichtig, müssen Sie Ihre Daten vervollständigen. Sie müssen aber keine Zahlungsmethode hinterlegen, wenn Sie nicht möchten. Wir empfehlen die Bezahlweise per Gutschein (siehe nächster Abschnitt). So vervollständigen Sie Ihr Konto:

- Tippen Sie bei der App, die Sie herunterladen wollen, auf *Laden* und dann im unteren Bereich auf *Installieren* ❶.
- Geben Sie nun Ihr Apple-Account-Passwort ein ❷ und *Bestätigen* ❸ Sie es anschließend.
- Als Nächstes werden Sie gefragt, ob das Passwort für kostenlose Artikel gesichert werden soll. Tippen Sie auf *Sichern* ❹.
- Wenn Ihre Apple-E-Mail-Adresse noch nicht im iTunes Store verwendet wurde, werden Sie gegebenenfalls dazu aufgefordert, diese überprüfen zu lassen. Tippen Sie auf *Überprüfen*.
- Aktivieren Sie anschließend den Schalter, um den Geschäftsbedingungen zuzustimmen. Bestätigen Sie mit *Weiter*.

- Belassen Sie das Häkchen bei Zahlungsmethode auf *Keine* und füllen Sie die Adressfelder und das Feld für Ihre Telefonnummer aus.
- Ihr Apple Account ist nun vervollständigt. Wählen Sie dann *Weiter*.

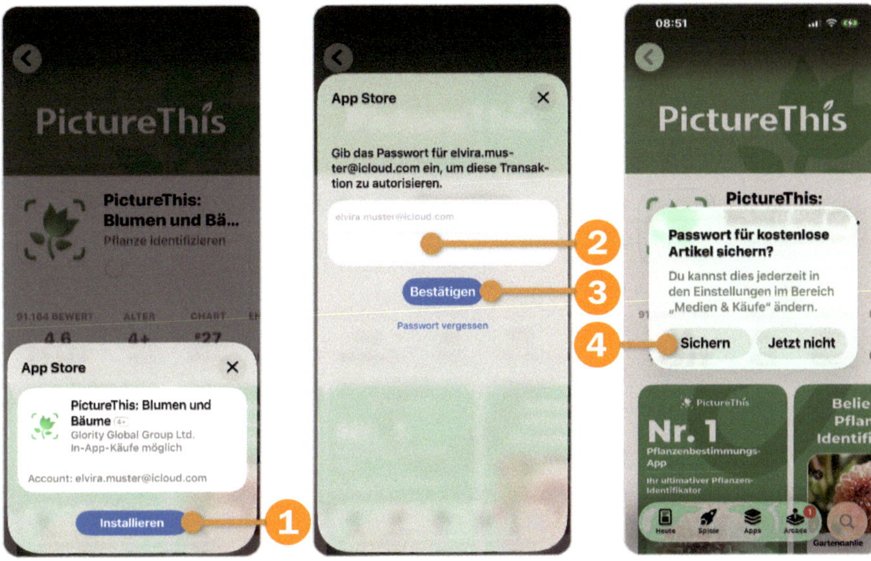

Geschenkkarte einlösen

Im App Store gibt es viele kostenlose Apps. Sie werden also nicht sofort in die Verlegenheit kommen, für eine App bezahlen zu müssen. Kostenlose Apps beinhalten oft Werbung oder bieten In-App-Käufe an. Damit erwerben Sie Zusatzfunktionen, die mehr oder weniger notwendig für die Verwendung der App sind. Manche Apps können auch nur als kostenlose Testversion heruntergeladen werden. Dann steht die App nur für einen bestimmten Zeitraum zur Verfügung und kann dann nicht mehr verwendet werden, außer sie wird gekauft.

Es gibt eine Reihe von Zahlungsmöglichkeiten, die für den App Store hinterlegt werden können, z. B. Kreditkarte oder PayPal. Wir empfehlen die Apple Geschenkkarte (Apple Gift Card) mit Gutscheincode. Diese kann in Super- und Elektromärkten sowie Drogerien gekauft werden. Es gibt sie schon ab einem Preis von 15 €. Den Wert können Sie im rechten oberen Eck des Gutscheins ablesen.

- Um den Wert der Geschenkkarte Ihrem Konto gutzuschreiben, klicken Sie im App Store oben rechts auf Ihr Profilbild ❶ und wählen *Karte oder Code einlösen* ❷ aus. Tippen Sie entweder auf *Kamera verwenden* ❸ und scannen Sie den Strichcode auf Ihrer Karte oder tippen Sie auf *Code manuell eingeben* ❹ und geben Sie die Nummer auf der Geschenkkarte per Hand ein. Bestätigen Sie mit *Einlösen*.

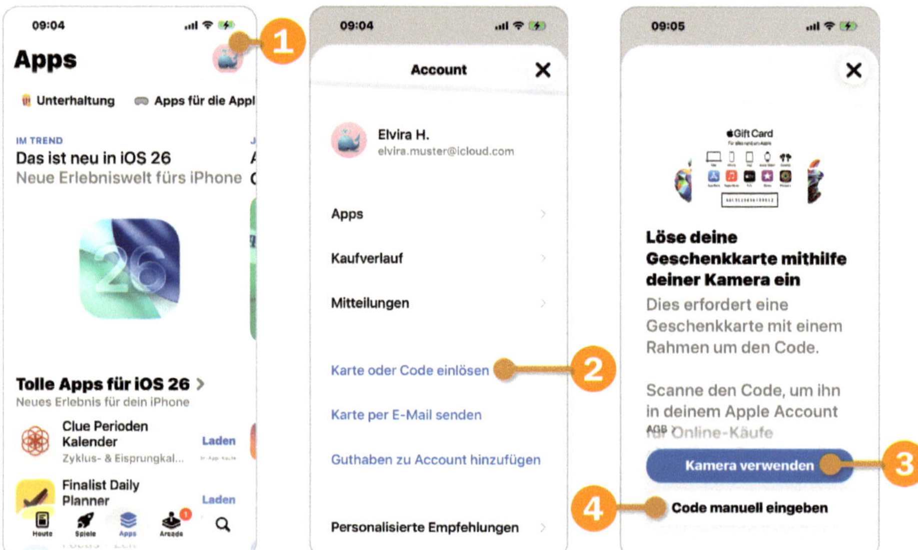

App installieren

- **Kostenlose App:** Durch Anklicken der Schaltfläche *Laden* stoßen Sie die Installation an. Zum Installieren müssen Sie zweimal auf die Seitentaste drücken ❶ (siehe Grafik nächste Seite), sofern die Gesichtserkennung aktiviert ist. Ist diese nicht aktiviert, müssen Sie auf *Installieren* ❷ tippen und das Passwort Ihres Apple Accounts eingeben. Nach Abschluss starten Sie die App mit *Öffnen*.

- **Kostenpflichtige App:** Tippen Sie auf die Preis-Schaltfläche. Zum Kaufen müssen Sie zweimal auf die Seitentaste drücken ❸, sofern die Gesichtserkennung aktiviert ist. Ist diese nicht aktiviert, müssen Sie auf *Kaufen* tippen und das Passwort Ihres Apple Accounts eingeben. Warten Sie, bis die Installation beendet ist, dann kann die App geöffnet werden.

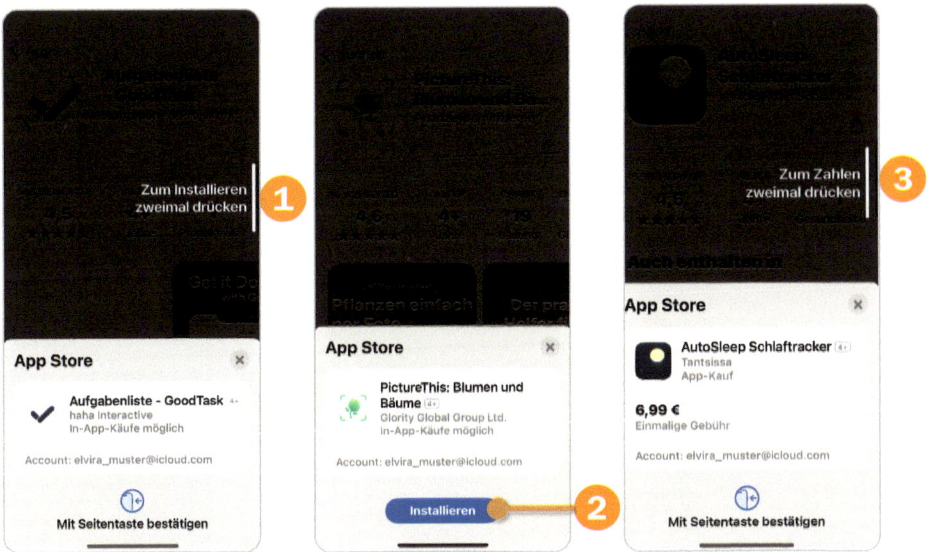

4.2 App löschen

Eine Reihe von Apps sind schon auf Ihrem Smartphone installiert und werden auch dringend benötigt, z. B. die Apps *Telefon*, *Kontakte*, *Kamera*, *Einstellungen* etc. Diese können gar nicht deinstalliert werden. Sie können vom Home-Bildschirm entfernt werden ❶, verbleiben aber in der App-Mediathek.

Andere vorinstallierte Apps, wie z. B. Health oder Watch, können Sie löschen, wenn Sie diese nicht verwenden möchten. Das ist nur unnötiger Ballast, der jederzeit wieder installiert werden kann, wenn Sie es sich anders überlegen. Selbstverständlich können auf diese Weise auch alle von Ihnen installierten Apps wieder entfernt werden.

So löschen Sie eine App vom Home-Bildschirm:

- Tippen Sie etwas länger auf das App-Symbol. Wählen Sie dann *App entfernen* ❷ und anschließend *App löschen* ❸ aus. Bestätigen Sie mit *Löschen*.

Tipp: Wenn Sie die App in der App-Mediathek auswählen, erhalten Sie sofort den Befehl *App löschen*.

4.3 Updates

Sowohl die installierten Apps als auch die Systemsoftware Ihres iPhones erhält von Zeit zu Zeit Aktualisierungen, um Sicherheitslücken zu schließen, Fehler zu beheben, bestehende Funktionen zu verbessern oder neue hinzuzufügen. Die Updates im Auge zu behalten, ist nicht nur aus Gründen der Sicherheit wichtig. Updates sollten auch in regelmäßigen Abständen heruntergeladen werden, um den vollen Funktionsumfang zu erhalten. Wenn zu viele Updates über einen langen Zeitraum verpasst werden, treten vermehrt Fehler auf.

Softwareupdate

Automatische Updates

Am einfachsten ist es, wenn Sie Softwareupdates automatisch laden und installieren. Kontrollieren Sie, ob diese Option an Ihrem iPhone aktiviert ist. Öffnen Sie dazu die *Einstellungen*, wählen Sie *Allgemein* und anschließend *Softwareupdate* ❶ aus. Hier sollte bei *Automatische Updates* die Option *Ein* ❷ ausgewählt sein. Falls das nicht der Fall ist, tippen Sie auf den Eintrag und ziehen die Regler nacheinander auf *Ein* ❸.

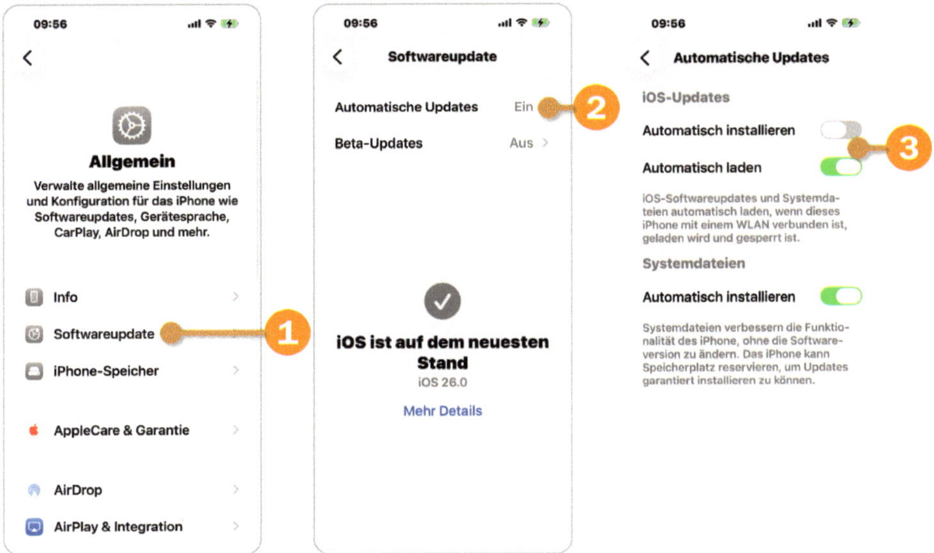

- Ist ein Update verfügbar, werden Sie durch eine Einblendung auf dem Bildschirm darauf hingewiesen. Wenn Sie das Update durchführen möchten, tippen Sie auf *Jetzt installieren*. Wenn Sie das Update momentan nicht installieren möchten, tippen Sie auf *Später*. Sie erhalten dann zu einem späteren Zeitpunkt nochmals die gleiche Meldung.
- Auch in der App *Einstellungen* wird das verfügbare Update **4** ganz oben angezeigt. Auch hier können Sie das iPhone durch Antippen des Eintrags und Auswahl von *Jetzt installieren* aktualisieren.

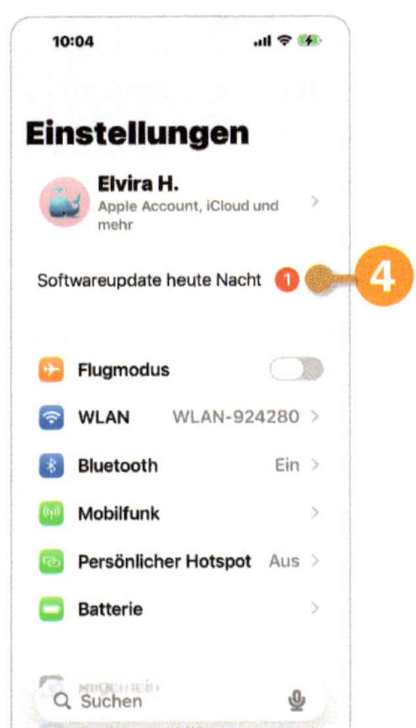

Beachten Sie aber unbedingt:

- Sie können während des Updates das Smartphone nicht verwenden.
- Das iPhone wird neu gestartet, Sie benötigen die PIN der SIM-Karte, um das Gerät zu entsperren.
- Das Update benötigt mindestens 50 % Batterielaufzeit bzw. einen Anschluss an die Stromversorgung.

- Führen Sie das Update nur durch, wenn Ihr iPhone mit einem WLAN verbunden ist. Wenn Sie gerade unterwegs sind, verschieben Sie es.
- Automatische Updates werden nur installiert, wenn das iPhone mit dem Stromnetz und dem WLAN verbunden ist.
- Das Update nimmt keine Änderung an Ihren gespeicherten Daten (Fotos, Nachrichten, Adressen) vor. Bei jeder Installation verbleibt allerdings ein Restrisiko. Sie können also Daten vorher sichern.

▶ Während der Installation kann der Bildschirm auch schwarz werden. Die meiste Zeit sehen Sie das Apple-Symbol und einen Fortschrittsbalken ❺. Am Ende der Installation wird das Smartphone neu gestartet. Geben Sie jetzt Ihren Code und anschließend die PIN der SIM-Karte ein.

Manuelles Update

Man kann auch selbst prüfen, ob ein Update zur Verfügung steht.

▶ Öffnen Sie dazu die *Einstellungen*, wählen Sie *Allgemein* und anschließend *Softwareupdate* aus. Die Verfügbarkeit wird automatisch geprüft. Wurde ein Update gefunden, tippen Sie auf *Jetzt installieren* oder *Jetzt aktualisieren* ❻. Falls kein Update zur Verfügung steht, sehen Sie hier nur die Information *iOS ist auf dem neuesten Stand* ❼.

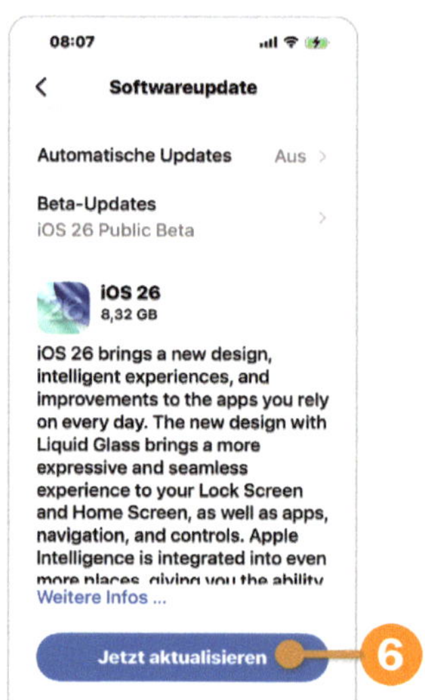

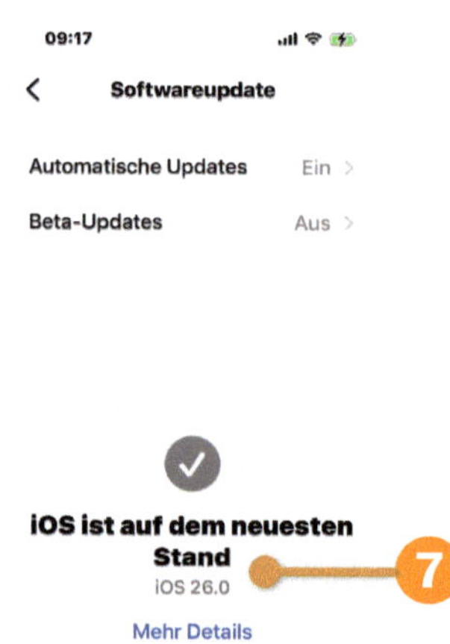

Beachten Sie, dass die Anleitungen in diesem Buch abweichen können, wenn Sie Ihr iPhone mit einem neuen Softwareupdate, z. B. iOS 26, aktualisieren.

Apps aktualisieren im App Store

Updates Ihrer installierten Apps erhalten Sie in der Regel automatisch, wenn das iPhone mit einem WLAN verbunden ist. Außerdem sollte kein Update heruntergeladen werden, wenn nur eine Verbindung über mobile Daten besteht. Diese Einstellungen müssen Sie an Ihrem Smartphone kontrollieren:

- Öffnen Sie die iPhone-*Einstellungen* und anschließend ganz unten die Kategorie *Apps*. Wählen Sie dann *App Store* ❶ aus.
- Der Regler bei *App-Updates* ❷ sollte auf *Ein* stehen, damit diese automatisch heruntergeladen werden.
- Überprüfen Sie, ob der Schalter im Abschnitt *Mobile Daten* bei *Automatische Downloads* ❸ deaktiviert ist. Das ist wichtig, damit Updates nur heruntergeladen werden, wenn das iPhone mit einem WLAN verbunden ist.
- Darunter finden Sie den Punkt *App-Downloads*. Tippen Sie darauf und wählen Sie *Immer fragen* ❹ aus.
- Die Einstellungen verlassen Sie über *<* ❺ links oben.

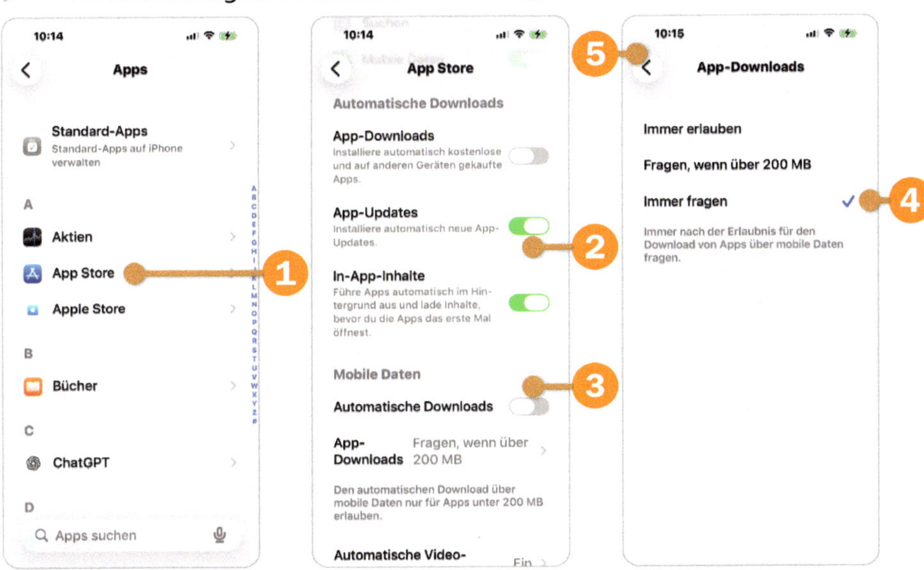

Sie können jederzeit eine Aktualisierung auch manuell anstoßen. So geht's:

- Öffnen Sie den *App Store* und tippen Sie auf Ihr Profil ❻ rechts oben.
- Im unteren Bereich wird angezeigt, ob Updates verfügbar sind ❼.
- Tippen Sie auf *Aktualisieren* ❽. Mit *Alle aktualisieren* ❾ laden Sie alle Updates herunter.

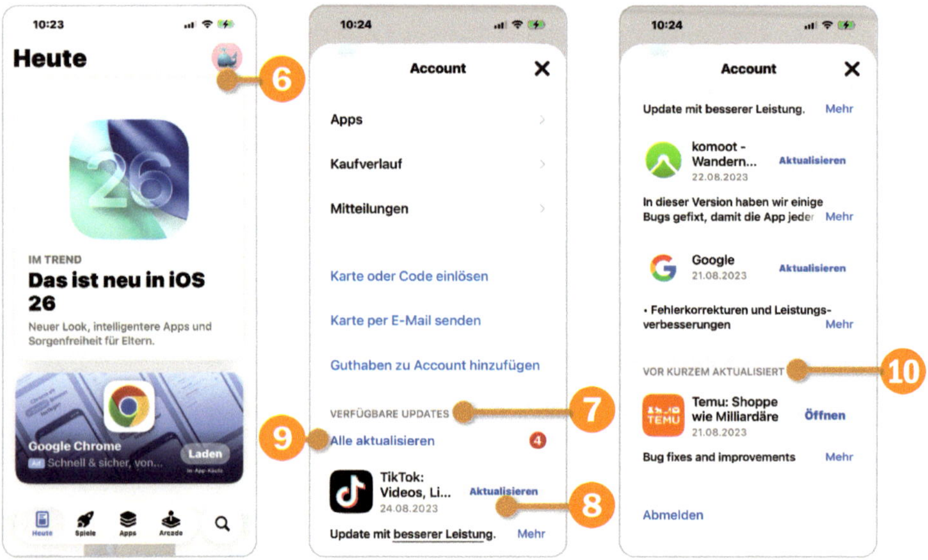

Tipp: Wenn Sie ganz nach unten scrollen, sehen Sie, welche Apps erst kürzlich ein Update erhalten haben ❿.

5 Tatsächlich telefonieren

Die jüngere Generation macht fast alles mit dem Smartphone - nur sehr selten telefoniert sie. Wir glauben noch an das Telefonat, deswegen möchten wir ihm hier ein Kapitel widmen. Am bequemsten telefonieren Sie, wenn Sie die Telefonnummern Ihrer Familie und Freunde im Adressbuch des Smartphones gespeichert haben.

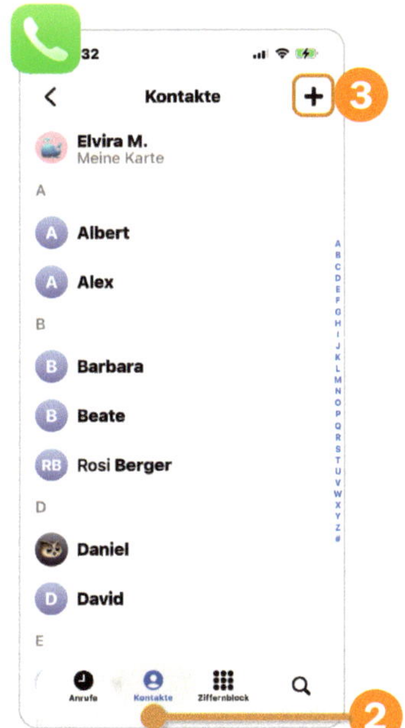

5.1 Das Adressbuch verwalten

Das Adressbuch finden Sie auf dem iPhone in Form der App *Kontakte*.

Kontakte abspeichern

- Öffnen Sie die Kontakte-App .
- Um einen neuen Kontakt einzuspeichern, tippen Sie unten auf + ❶.

  Kontaktdaten können Sie auch ganz leicht über die App *Telefon* im Bereich *Kontakte* ❷ (Abbildung oben) durch Antippen von + ❸ speichern. Die Daten werden ebenfalls in der App *Kontakte* angezeigt.
- **Foto:** Durch Antippen von *Foto hinzufügen* ❹ (Bild nächste Seite) knipsen Sie ein neues Bild oder fügen über die App Fotos dem Kontakt ein bereits vorhandenes Foto hinzu.
- Geben Sie den Vor- und Nachnamen ein.

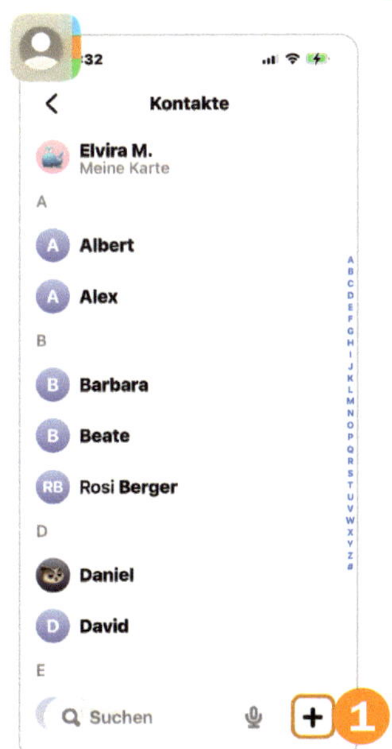

- **Telefonnummer:** Tippen Sie auf *Telefonnummer hinzufügen* ❺, um eine Telefonnummer einzugeben. Beachten Sie, dass jede Nummer mindestens mit Ortsvorwahl eingegeben werden muss. Besser ist es, auch die Ländervorwahl zu hinterlegen. Tippen Sie auf der Tastatur auf ❻ und auf das +-Symbol, dann wird ein Pluszeichen für +49 eingefügt. Dann folgt die Vorwahl ohne Führungsnull.
- Mit + fügen Sie weitere Telefonnummern, E-Mail-Adressen etc. hinzu. Mit – entfernen Sie einen Eintrag wieder.

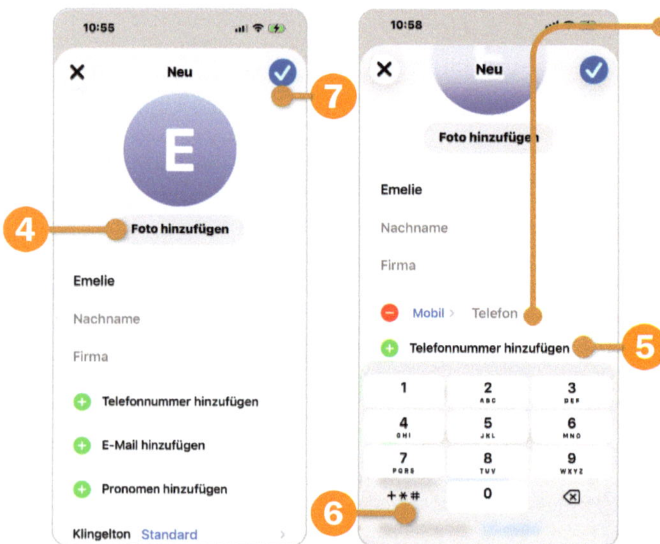

Tippen Sie auf *Mobil*, um einen anderen Nummerntyp auszuwählen (*Privat*, *Arbeit* etc).

Sobald Sie eine Telefonnummer eingegeben haben, erscheint darunter ein weiteres Feld *Telefonnummer hinzufügen*. Tippen Sie dieses an, falls Sie eine weitere Nummern eingeben wollen.

- Wenn Sie weiter nach unten scrollen, erhalten Sie weitere Eingabemöglichkeiten, z. B. postalische Adresse, Webseite oder Speicherung des Geburtstags (dazu gleich mehr im Anschluss).
- Um den Kontakt abzuspeichern, tippen Sie rechts oben auf ✓ ❼.

So vergessen Sie keine Geburtstage!
Wenn Sie einen Kontakt in Ihrem Adressbuch anlegen, können Sie gleich dessen Geburtstag eintragen, der anschließend in der Kalender-App zu sehen ist. Scrollen Sie nach unten zu *Geburtstag hinzufügen*. Anschließend bewegen Sie den Finger auf dem Bildschirm von unten nach oben und umgekehrt, um Tag, Monat und Jahr auszuwählen. Bestätigen Sie mit ✓.

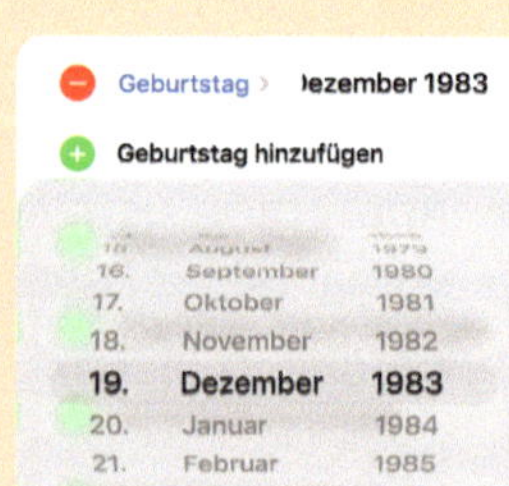

Kontakte bearbeiten und löschen

Kontakt bearbeiten: Manchmal kommt es vor, dass sich Details zu einem Kontakt ändern oder Sie etwas ergänzen möchten. Wie Sie diesen bearbeiten, erfahren Sie hier:

- Öffnen Sie den Kontakt in Ihrem Adressbuch durch Antippen und wählen Sie rechts oben *Bearbeiten* ❶ aus.
- Ändern Sie nun Inhalte oder fügen Sie neue hinzu. Sie können z. B. das Design des Kontaktes ändern, indem Sie auf *Foto hinzufügen* ❷ tippen. Hier haben Sie die Möglichkeit, ein Poster, also ein Anruferbild mit Foto, Emoji, Memoji oder Monogramm, zu erstellen.
- Bestätigen Sie Ihre Änderungen mit ✓ ❸.

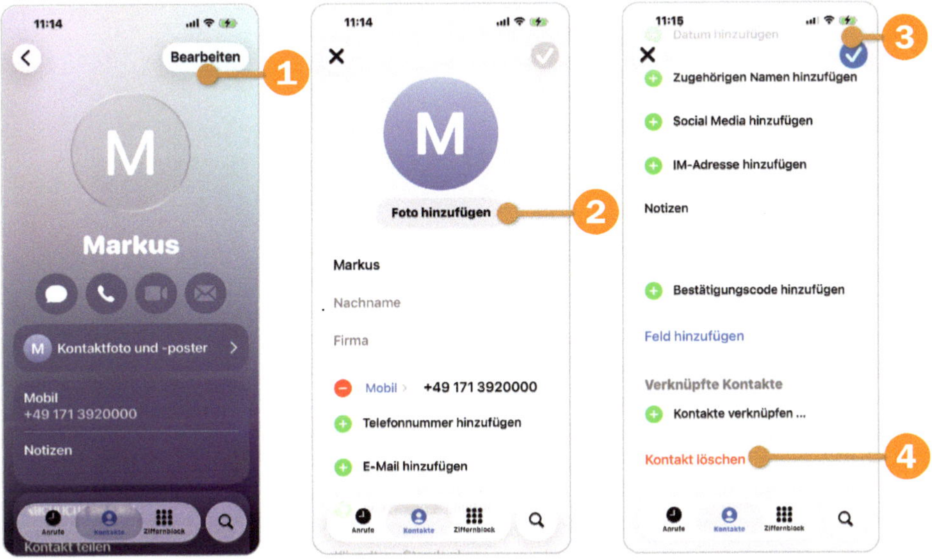

Kontakt löschen:

- Öffnen Sie den Kontakt und tippen Sie rechts oben auf *Bearbeiten*.
- Scrollen Sie bis ganz nach unten und wählen Sie *Kontakt löschen* ❹ aus und dann nochmals *Kontakt löschen*.

> **Mist! Meine Handynummer vergessen ...**
> Öffnen Sie die *Einstellungen* ⚙, tippen Sie ganz unten auf *Apps* und dann scrollen Sie etwas nach unten zu *Telefon*. Hier finden Sie Ihre Telefonnummer.

Kontakt favorisieren

Nur gut, dass man einige Kontakte als Favoriten festlegen kann. Angelegte Favoriten erscheinen in der Rubrik *Anrufe*, so muss man nicht lange suchen.

- Öffnen Sie den Kontakt, den Sie als Favorit hinzufügen wollen.
- Scrollen Sie nach unten und tippen Sie auf *Als Favoriten sichern* ❶.
- Entscheiden Sie, welche Option als Favorit gesichert werden soll: *Nachricht*, *Anrufen*, *Video* oder *E-Mail*. Wenn Sie z. B. *Anrufen* ❷ auswählen und die Telefonnummer bestätigen, wird der Eintrag in der Rubrik *Favoriten* ❸ gespeichert. Wenn Sie diesen Eintrag antippen, wird sofort ein Anruf gestartet.
- Der favorisierte Kontakt erhält einen grauen Stern als Markierung (hier im Beispiel die E-Mail-Adresse) ❹.

- Wenn Sie einen Kontakt aus der Favoriten-Liste löschen wollen, tippen Sie in der Rubrik *Anrufe* links oben auf *Bearbeiten* ❺ und dann auf *Favoriten bearbeiten*. Nun können Sie den Kontakt über das Minuszeichen oberhalb des Kontaktes löschen. Bestätigen Sie anschließend mit ✓ links oben.
- Tipp: Um zur klassischen Favoritenansicht zurückzukehren (Favoriten werden unten in der Leiste als Rubrik angezeigt), tippen Sie oben rechts auf ≡ und wählen anschließend *Klassisch* aus.

Hilfe im Notfall

Schnell ist es passiert, dass man in eine Notsituation gerät und dringend Hilfe braucht. Ihr Smartphone bietet Ihnen hier eine gute Lösung: Sie können einen Kontakt anlegen, der in einem Notfall angerufen wird, ohne dass Ihr Smartphone entsperrt werden muss. So kann auch ein anderer für Sie telefonieren. Zusätzlich können auch medizinische Informationen angeben werden, z. B. Blutgruppe, Medikamente, Allergien etc. Auch diese Informationen können bei gesperrtem Smartphone eingesehen werden. Wenn Sie Ihr Smartphone verlieren, natürlich auch von unbefugten Personen.

Notfallinformationen und Notfallkontakt hinterlegen

- Tippen Sie in der Kontakte-App ganz oben in der Liste auf Ihren Namen - falls dieser nicht angezeigt wird, auf das Profilbild ❶ oder auf *Meine Karte*.
- Wählen Sie rechts oben *Bearbeiten* ❷ aus, scrollen Sie ganz nach unten zu *Notfallpass erstellen* und tragen Sie in das Formular die medizinischen Daten ein ❸.
- Im unteren Bereich wählen Sie bei *Notfallkontakte* den Punkt *Hinzufügen* ❹ aus. Tippen Sie nun auf das grüne Plus und fügen aus Ihrem Adressbuch einen Notfallkontakt hinzu. Wählen Sie im Anschluss die *Beziehung* zu dem Kontakt, z. B. Bruder.

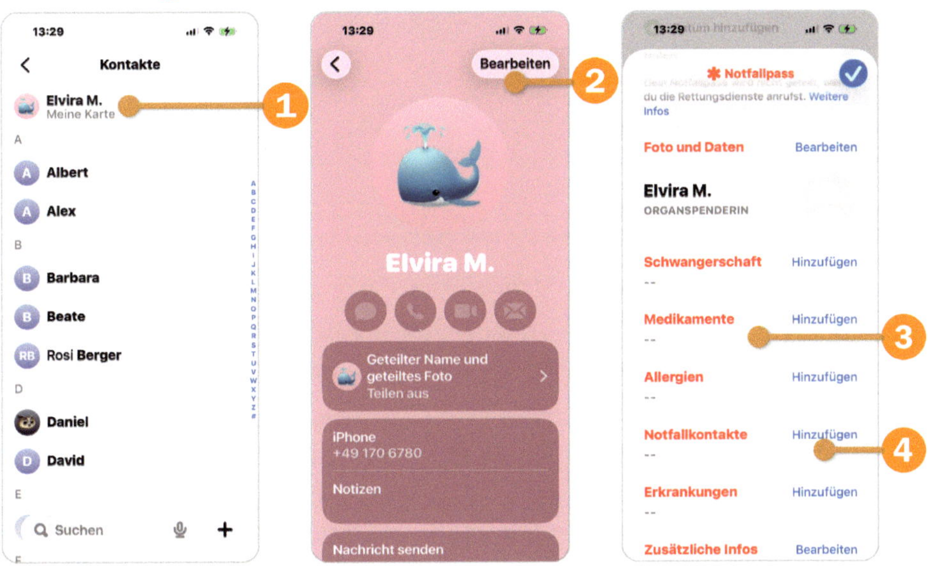

Wenn Sie als Notfallkontakt eine Person ausgewählt haben, bei deren Kontakt mehrere Nummern hinterlegt sind, wird immer die erste aufgeführte Telefonnummer angerufen.

Notfallkontakt anrufen

- Um den Notfallkontakt zu erreichen, zeigen Sie durch Drücken der Seitentaste den Sperrbildschirm an und streichen dann über den Bildschirm. Tippen Sie rechts unten auf *Notruf* ❶ und anschließend auf *Notfallpass* ❷. Tätigen Sie den Notfallanruf, indem Sie auf die Telefonnummer des Notfallkontakts tippen ❸.

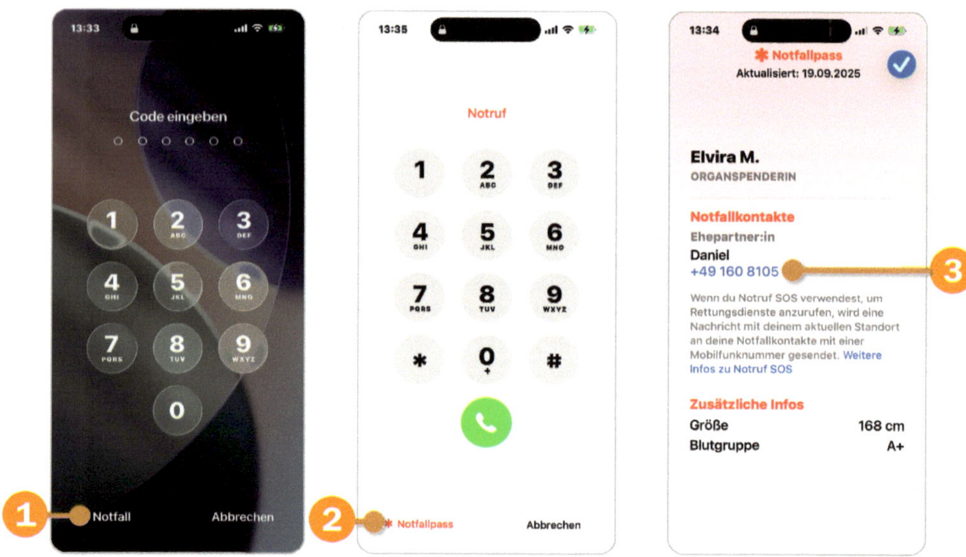

5.2 Freunde und Familie anrufen

In der App *Telefon* gibt es mit den drei Rubriken *Anrufe*, *Kontakte* ❶ und *Ziffernblock* verschiedene Möglichkeiten, jemanden anzurufen.

Telefonnummer eintippen

Mit der Auswahl *Ziffernblock* ❷ können Sie eine Nummer einfach eintippen. Beachten Sie, dass Sie immer die Vorwahl eingeben müssen. Tippen Sie anschließend auf den grünen Hörer zum Verbindungsaufbau. Mit der Löschen-Taste × können Sie einen Tippfehler entfernen.

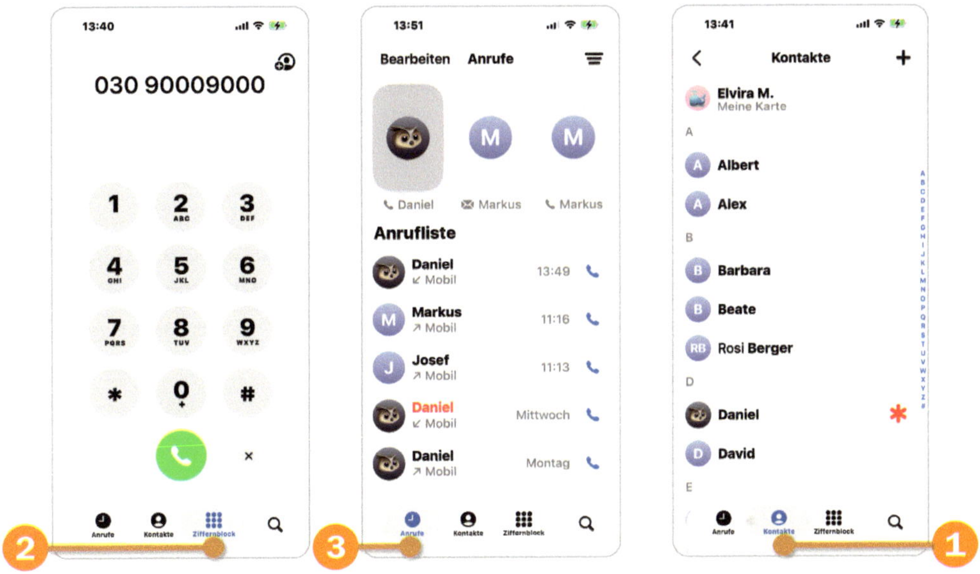

Aus der Anrufliste auswählen

Auf verpasste Anrufe werden Sie auch durch eine Zahl am App-Symbol aufmerksam gemacht.

Bei *Anrufe* ③ werden alle verpassten bzw. angenommenen Anrufe angezeigt. Auch ausgehende Anrufe finden Sie hier. Wenn Sie einen Kontakt eingespeichert haben, wird in der Liste der Name der Person angezeigt, sonst die Nummer. Telefonate mit derselben Person werden zusammengefasst.

So erkennen Sie die Art des Anrufs:

- Rote Einträge sind verpasste Anrufe.
- Einträge mit diesem Symbol ↗ bedeuten, dass diese Anrufe von Ihnen getätigt wurden.
- Einträge mit diesem Symbol ↙ sind Anrufe, die Sie angenommen haben.

Wollen Sie einen Kontakt erneut anrufen, tippen Sie in der Anrufliste einfach auf den Telefonhörer neben dem Eintrag.

Achtung! Sollten Sie die Nummer nicht kennen, ist Vorsicht geboten. Mit einer Rückrufmasche versuchen Betrüger Sie zu verleiten, bei kostenpflichtigen Telefonnummern anzurufen und Sie dann durch unverständliche Bandansagen oder Warteschleifen möglichst lang in der Leitung zu halten. So ein Anruf kann dann mehrere Euro pro Minute kosten. Meist werden dazu ausländische Telefonnummern verwendet, deren Ländervorwahl deutschen Ortsvorwahlen ähnelt, z. B. 00241 Gabun statt 0241 Aachen oder Sonderrufnummern wie die 00882 oder 00883.

Favoriten anrufen

Wenn Sie einen Kontakt als Favorit ausgewählt haben (siehe Seite 100), erscheint dieser ganz oben in der Rubrik *Anrufe*. Wenn Sie auf diesen Kontakt tippen ❹, wird er sofort angerufen.

Aus dem Adressbuch auswählen

Bei *Kontakte* ❺ wählen Sie einen bestimmten Kontakt aus, den Sie eingespeichert haben. Die Liste ist alphabetisch sortiert. Zum „Blättern" durch das Adressbuch streichen Sie vertikal über den Bildschirm. Tippen Sie auf den Kontakt, den Sie anrufen wollen.

Wenn Sie einen Kontakt in Ihrem Adressbuch aufrufen, können Sie diesen nicht einfach nur über einen Sprachanruf kontaktieren, sondern Sie haben auch die Möglichkeit, einen Videoanruf über FaceTime zu tätigen, eine Nachricht oder E-Mail zu schreiben ❻.

Sprachanruf durchführen

- Während des Telefonats können Sie den Anruf über die Stumm-Taste ❼ kurz stummschalten, dann werden Sie nicht gehört. Mit *Lautsprecher* ❽ schalten Sie den Lautsprecher ein und müssen das Smartphone nicht mehr ans Ohr halten. Das ist ganz praktisch, wenn Sie sich in einer Telefonwarteschlange befinden oder andere das Gespräch mithören sollen. Durch nochmaliges Antippen schalten Sie die Stummschaltung bzw. den Lautsprecher wieder aus.
- Durch Antippen von *Ziffernblock* ❾ erhalten Sie im Gespräch ein Ziffernfeld. Für Anrufe bei Behörden oder Firmen wird die Zuteilung des korrekten Ansprechpartners zum Teil durch Eingabe von Nummern gelöst: „Für Fragen zu einer Rechnung tippen Sie die 1."
- Tippen Sie den roten Hörer an, um das Gespräch zu beenden.

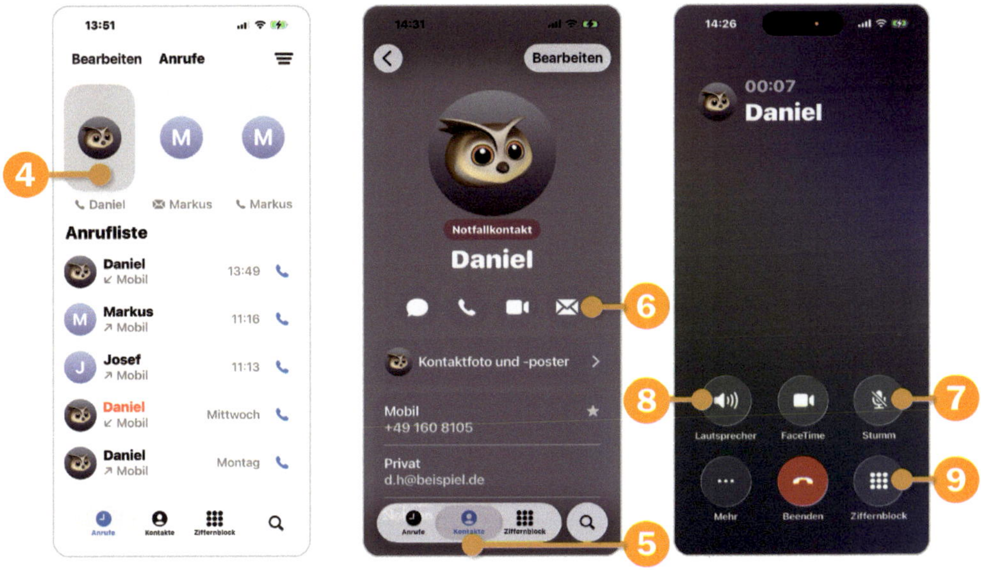

5.3 Anruf annehmen oder nicht?

- **Annehmen:** Wenn Sie einen Anruf erhalten, ziehen Sie den grünen Hörer nach rechts ❶. Das ist auch möglich, wenn das Smartphone gesperrt ist.

  Wenn Sie ein Anruf erreicht, während Sie gerade eine App am Handy anzeigen, wird der Anrufhinweis nur oben eingeblendet. Dann nehmen Sie das Gespräch mit dem grünen Hörer ❷ an oder weisen es mit dem roten Hörer ab.

- **Ablehnen:** Haben Sie gerade keine Zeit, dann tippen Sie auf den roten Hörer ❸. Im gesperrten Zustand gibt es diese Möglichkeit nicht - da können Sie den Anruf nur über der Lautstärke-Tasten auf der linken Seite Ihres Smartphones stummschalten. Sie können dem Anrufer aber auch via SMS Bescheid geben, dass Sie den Anruf nicht entgegennehmen können: Dazu tippen Sie auf *Nachricht* ❹ und wählen eine Nachricht ❺ durch Antippen aus. Alternativ tippen Sie auf *Voicemail* ❻. Der Anrufer hat dann die Möglichkeit, eine Nachricht zu hinterlassen, die Sie entweder in Echtzeit mitlesen oder später als Text in der Übersicht der verpassten Anrufe abrufen können.

5.4 Telefonieren ohne Sprachprobleme

Mit iOS 26 können Sie jetzt ganz bequem mit Menschen sprechen, die eine andere Sprache sprechen. Ihr iPhone übersetzt das Gespräch live: Sie sprechen auf Deutsch, und Ihr Gesprächspartner hört es in seiner Sprache – und umgekehrt genauso.

Ob auf Reisen, im Beruf oder im Alltag – diese Funktion hilft Ihnen, Sprachbarrieren zu überwinden und sich weltweit besser zu verständigen.

Die Funktion läuft direkt auf Ihrem Gerät, also ohne Internetverbindung und ohne zusätzliche Apps. Für die Live-Übersetzung bei Anrufen benötigen Sie Folgendes:

- iPhone 15 Pro oder neuer,
- Apple Intelligence (siehe Seite 47) sowie
- Sprachpakete - diese sind unter *Einstellungen* ▶ *Apps* ▶ *Übersetzen* ▶ *Sprachen* ❶ zu finden; tippen Sie hinter der gewünschten Sprache auf den Downloadpfeil ❷, um die Sprache herunterzuladen.

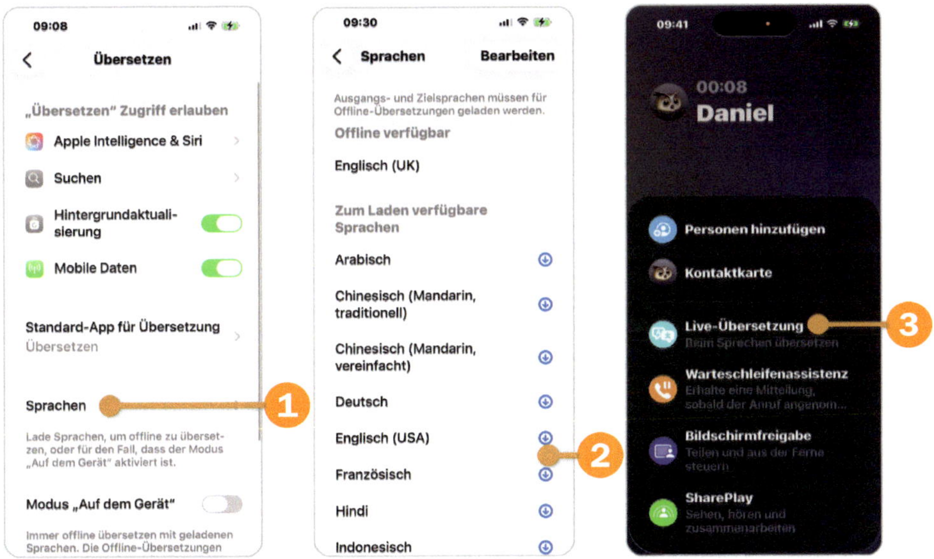

So aktivieren Sie die Live-Übersetzung während eines Anrufs:

- Starten Sie einen Anruf.
- Tippen Sie während des Gesprächs auf *Mehr* und wählen Sie *Live-Übersetzung* ❸.
- Wählen Sie Ihre Sprache (*Ausgangssprache* ❹) aus, z. B. Deutsch, und anschließend die Sprache Ihres Gesprächspartners (*Zielsprache* ❺), z. B. Englisch. Falls nötig wird das Sprachpaket automatisch heruntergeladen.
- Tippen Sie auf *Übersetzung starten* ❻.
- Sprechen Sie wie gewohnt – Ihr iPhone übersetzt Ihre Worte und liest sie Ihrem Gesprächspartner vor. Die Antworten Ihres Gesprächspartners werden ebenfalls übersetzt und Ihnen vorgelesen.
- Wenn Sie die Übersetzung nicht mehr benötigen, tippen Sie einfach wieder auf *Mehr* und dann auf *Stoppen*.

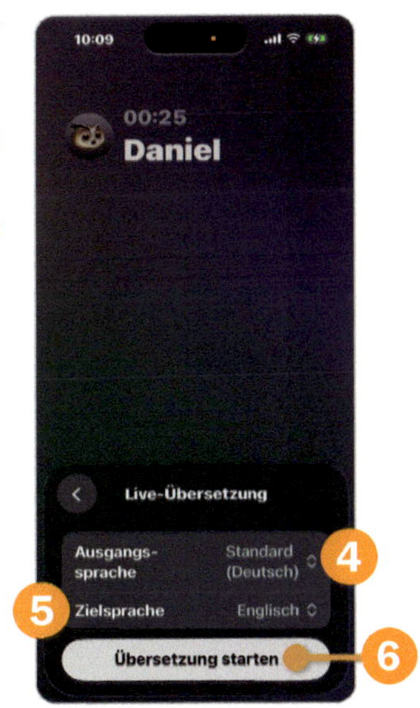

6 Nachrichten und Fotos versenden

SMS, E-Mail und Nachrichten über WhatsApp erleichtern die Kommunikation mit Familie und Freunden ungemein. Ein kurzer Text getippt, schnell auf Senden gedrückt und sofort kommt die Nachricht beim Empfänger an. In diesem Kapitel werden die Apps *Nachrichten*, *Mail* und *WhatsApp* vorgestellt.

6.1 iMessage und SMS

Die App Nachrichten, die auf Ihrem iPhone vorinstalliert ist, kann sowohl iMessages als auch SMS - diese wird neuerdings auch von RCS (**R**ich **C**ommunication **S**ervices) unterstützt - versenden und empfangen. Doch was ist der Unterschied?

Eine SMS (**S**hort **M**essage **S**ervice - Kurznachrichtendienst) ist eine Mitteilung, die 160 Zeichen lang ist. Umfasst Ihre Nachricht mehr Zeichen wird automatisch eine zweite verschickt. Der Versand von SMS kann Kosten verursachen, ist aber auch bei vielen Mobilfunkanbietern kostenlos. Hier müssen Sie einen Blick in Ihren Vertrag werfen. Der große Vorteil der SMS ist, dass Sie für die Versendung nur eine Verbindung zum Mobilfunknetz benötigen und bietet damit zuverlässigere Erreichbarkeit. Es muss weder mobiles Internet (mobile Datenverbindung) noch WLAN zur Verfügung stehen. Als SMS werden häufig Informationen Ihres Mobilfunkanbieters versandt, z. B. eine Benachrichtigung, wenn Sie sich in einem ausländischen Netz befinden. Auch Zugriffscodes werden via SMS verschickt.

iMessage hingegen ist der von Apple entwickelte Nachrichtendienst, der ausschließlich zwischen Apple-Geräten genutzt werden kann. Schreiben Sie also eine Nachricht an einen Freund mit einem Android-Smartphone, wird keine iMessage, sondern eine RCS-Nachricht versandt. Ist diese Funktion nicht aktiviert, bekommt der Empfänger automatisch eine SMS.

Für das Versenden einer Chat-Nachricht via iMessage benötigen Sie eine mobile Datenverbindung oder WLAN. Chat-Nachrichten reduzieren Ihr mobiles Datenvolumen, außer Sie sind mit einem WLAN verbunden. Der Chat bietet natürlich auch verschiedene Vorteile: keine Zeichenbegrenzung, Gruppenchats sind möglich, Versenden von Videos, Emojis und Sprachnachrichten, sowie eine Anzeige, ob die Nachricht gelesen wurde.

Nachricht versenden

- Eine SMS oder Chat-Nachricht versenden Sie über die Nachrichten-App von Apple. Öffnen Sie die App *Nachrichten*.
- Tippen Sie rechts unten auf ❶ und geben Sie bei *An* ❷ den Namen der Person ein. Schon nach den ersten Buchstaben erhalten Sie eine Trefferliste. Dazu müssen Sie natürlich zuvor die benötigten Informationen in der App Kontakte gespeichert haben. In der Liste können Sie den passenden Kontakt durch Antippen auswählen.

  Falls Sie mit der Person bereits Nachrichten ausgetauscht haben, können Sie auch den vorhandenen Chat ❸ durch Antippen anzeigen. Dann ist der Empfänger bereits eingetragen.
- Tippen Sie unten in das Nachrichtenfeld und verfassen Sie Ihre Nachricht. Verschicken Sie Ihre Nachricht. Ob Sie eine RCS-Nachricht/SMS oder eine iMessage senden, ist leicht am Text im Nachrichtenfeld (*iMessage* oder *Textnachricht - RCS* bzw. *SMS*) und auch an der Senden-Schaltfläche zu erkennen: für SMS und ❹ für Chat. Schon bei der Auswahl des Kontakts sehen Sie, ob der Adressat der Nachricht auch ein Apple-Gerät hat: Der Name wird dann in blau geschrieben. In diesem Fall wird eine Chat-Nachricht verfasst, sonst eine RCS-Nachricht bzw. SMS.
- Sie haben über iMessage die Möglichkeit, einen Audio- oder Videoanruf per FaceTime starten - natürlich vorausgesetzt, Sie und der Angerufene besitzen beide ein Apple-Gerät. Tippen Sie dazu im Chat rechts oben auf .

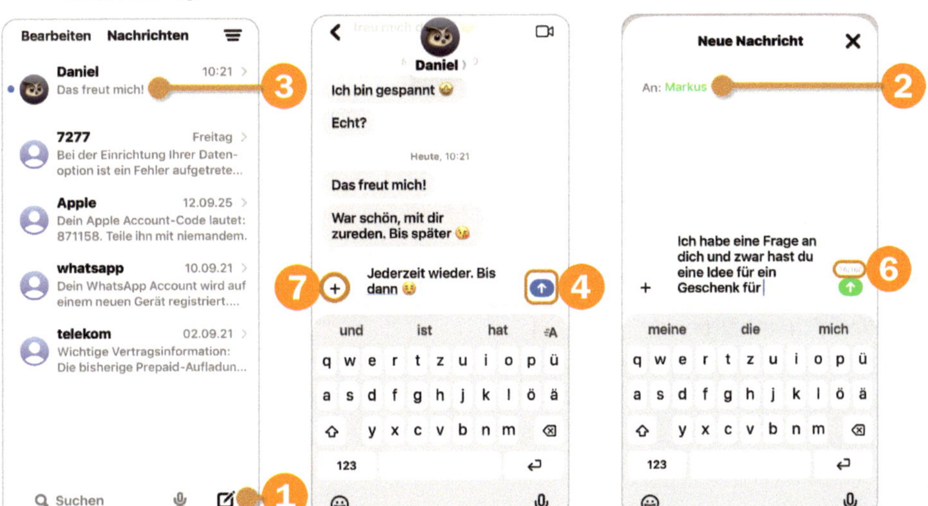

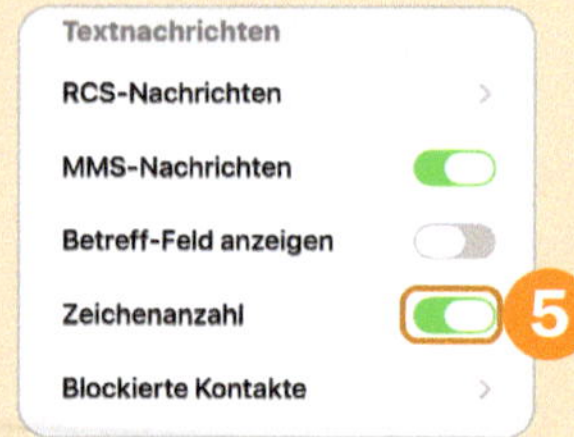

Tipp! In der Regel ist nicht voreingestellt, dass die verfügbaren Zeichen im Nachrichtenfeld eingeblendet werden. Das können Sie jedoch ändern: Öffnen Sie die *Einstellungen*, wischen Sie nach unten zu *Apps* und tippen Sie auf *Nachrichten*. Im unteren Bereich finden Sie den Punkt *Zeichenanzahl* ❺. Aktivieren Sie die Funktion, indem Sie den Schalter nach rechts ziehen.

Wenn Sie nun eine lange Nachricht als SMS schreiben, erscheint rechts neben der Nachricht ein Hinweis, z. B. *76/160* ❻. Dies zeigt an, dass Sie noch 94 Zeichen zur Verfügung haben, bis eine zweite SMS versendet wird. Dazu gehören selbstverständlich auch Leerzeichen. Sie können einfach weiterschreiben. Wenn Sie mehr als 160 Zeichen schreiben, wird die Nachricht aufgeteilt.

Fotos verschicken

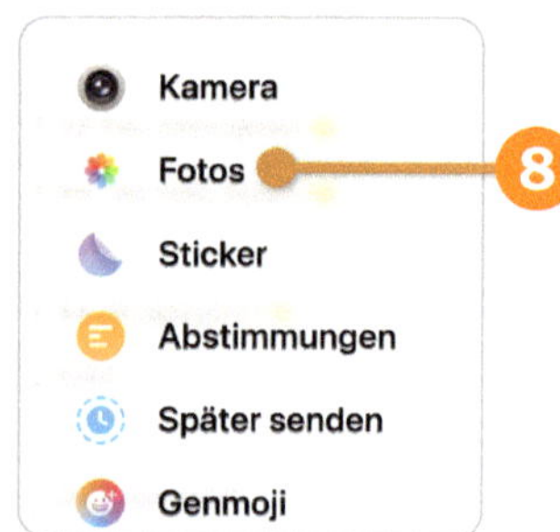

Zum Versenden von Fotos tippen Sie auf + ❼ (siehe vorige Seite), falls das Auswahlmenü nicht angezeigt wird. Tippen Sie dann auf *Fotos* ❽. Sie erhalten Zugriff auf Ihre Bilder. Wählen Sie das Gewünschte aus. Tippen Sie auf *Kommentieren / Senden*, um noch eine Nachricht einzugeben. Für das Versenden einer MMS (SMS mit Foto) können zusätzliche Kosten anfallen.

Chatfunktion deaktivieren

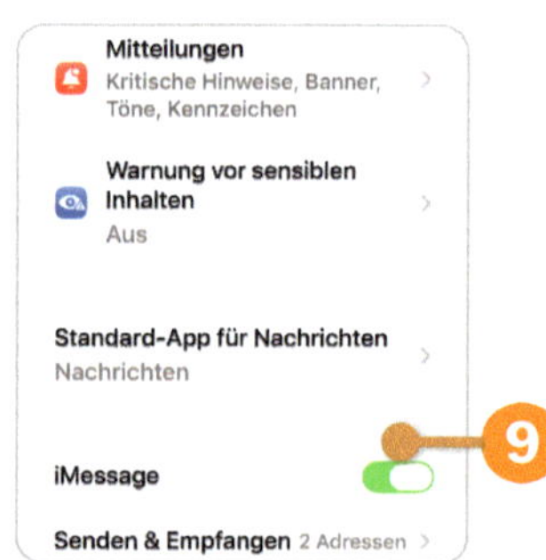

Falls Sie auf iMessages verzichten und nur SMS versenden möchten, öffnen Sie die *Einstellungen*, tippen ganz unten auf *Apps* und scrollen nach unten zu *Nachrichten*. Ziehen Sie den Regler bei *iMessage* ❾ auf *Aus*.

Nachricht erhalten

Auf den Eingang einer SMS/einer Chatnachricht werden Sie durch eine Ziffer (Anzahl der neuen Nachrichten) am App-Symbol hingewiesen.

Nach dem Öffnen der App sehen Sie Ihre Nachrichten. Ungelesene sind mit einem blauen Punkt 10 gekennzeichnet. Durch Antippen öffnen Sie diese und können im Nachrichtenfeld antworten. Über den Pfeil links oben gelangen Sie wieder zur Übersicht.

Nachricht bearbeiten oder zurückrufen

Wenn Sie eine neue Nachricht versenden, können Sie diese danach noch 15 Minuten lang bearbeiten oder innerhalb eines 2-Minuten-Fensters sogar zurückrufen. Bleiben Sie dazu einfach etwas länger auf der Nachricht und wählen Sie im Bearbeitungsmenü entweder *Bearbeiten* oder *Senden widerrufen* aus 11. Das ist sehr praktisch, wenn Ihnen die Autokorrektur unbemerkt ein falsches Wort ergänzt hat oder die Nachricht versehentlich an den Falschen gesendet wurde. Allerdings steht diese Funktion nur für iMessages zur Verfügung, also wenn der Empfänger ebenfalls ein iPhone besitzt. Für SMS an Android-Geräte funktioniert das nicht.

Mit Emojis reagieren

Wenn Sie nur kurz auf eine Nachricht reagieren wollen, bietet sich die Möglichkeit an, mit Reaktion-Emojis zu antworten. So müssen Sie keine neue Nachricht mit einem einzelnen Emoji versenden. Wählen Sie dazu die Nachricht einfach länger an und tippen Sie auf das Emoji-Symbol. Es steht Ihnen dann die ganze Palette an Emojis zur Verfügung.

Unterhaltung löschen

Um einen Chat zu löschen, tippen Sie ihn an, wischen ihn nach links und tippen auf [Papierkorb] 12. Bestätigen Sie mit *Löschen*.

6.2 Über E-Mail kommunizieren

Zum Verfassen und Empfangen von E-Mails empfehlen wir die Nutzung der App *Mail*, da hier bereits die Daten Ihres Benutzerkontos, welche Sie während der Einrichtung des iPhones eingegeben haben, hinterlegt sind. Sie können sofort loslegen. Vielleicht erledigen Sie den Großteil des E-Mail-Verkehrs am PC. Dennoch ist es praktisch, auch mal schnell eine E-Mail am Smartphone zu lesen. Sie können dasselbe Konto mit Ihrem Smartphone und dem Computer verbinden.

Posteingang Allgemein
Anzeige aller aktuellen E-Mails

Inhalt einer E-Mail
Anzeige der ausgewählten Mail

Neue E-Mail lesen und beantworten

E-Mail erhalten: Dass eine neue E-Mail eingetroffen ist, sehen Sie schon an der angezeigten Nummer beim Mail-Symbol. Öffnen Sie die Mail-App. Der Posteingang wird angezeigt, falls nicht, tippen Sie auf *Eingang*. Neue E-Mails finden Sie immer ganz oben in der Liste. Sie blättern durch die Liste durch vertikales Wischen. Vor ungelesenen Nachrichten wird ein blauer Punkt angezeigt.

- Zum Lesen des Inhalts der Nachricht tippen Sie die neue E-Mail 1 an. Über den Pfeil links oben gelangen Sie wieder zur Übersicht.

Tipp: Neue E-Mails kündigen sich bereits auf dem Sperrbildschirm an. Die Benachrichtigung, dass eine neue E-Mail eingetroffen ist, sehen Sie in der Mitteilungszentrale. Ziehen Sie vom oberen Rand des Bildschirms nach unten und tippen Sie auf die E-Mail-Nachricht.

Eine Antwort verfassen: Um eine E-Mail zu beantworten, tippen Sie in der geöffneten Mail unten auf ❷. Dadurch wird ein Untermenü geöffnet. Tippen Sie hier auf *Antworten* ❸. Der Absender der Nachricht wird automatisch als Empfänger der Antwort im Feld *An* eingetragen. Der Betreff wird mit dem Zusatz *Re* übernommen. Schreiben Sie Ihren Nachrichtentext und tippen Sie zum Versenden auf ❹. Um die E-Mail zu einem anderen Zeitpunkt zu senden, bleiben Sie etwas länger auf dem Senden-Symbol, tippen Sie auf *Später senden* und wählen Sie Datum und Uhrzeit aus, wann die Nachricht verschickt werden soll.

Eine Mail kann an mehrere Personen versendet werden. Möchten Sie allen dieselbe Antwort zukommen lassen, tippen Sie auf *Allen antworten* ❺.

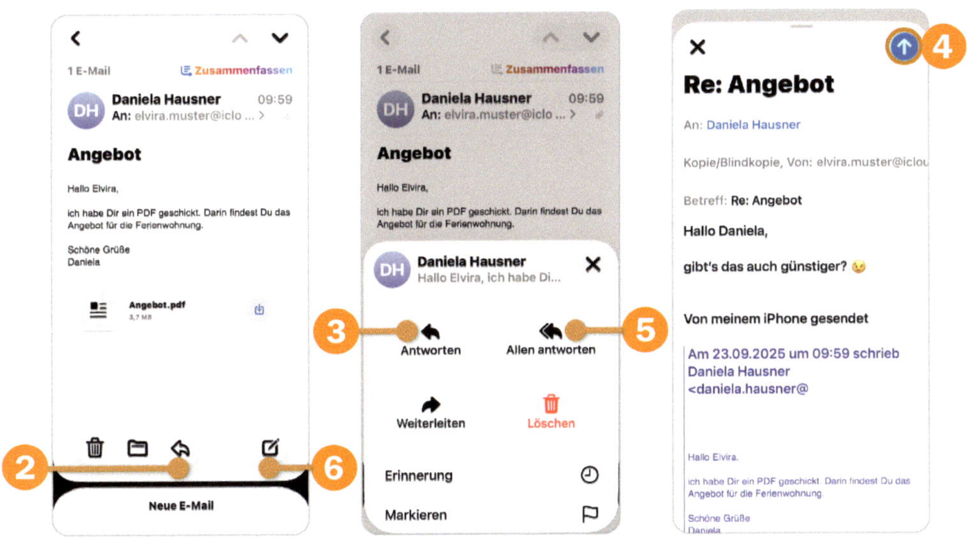

Neue E-Mail schreiben

Tippen Sie auf 6 (siehe Abbildung vorherige Seite) und tragen Sie im Feld *An* die E-Mail-Adresse des Empfängers ein. Beim Eingeben der ersten Buchstaben erhalten Sie meist schon Vorschläge für mögliche Empfänger. Tippen Sie einen Vorschlag an 7, um diesen zu übernehmen. Tippen Sie dann auf *Betreff* und geben Sie einen kurzen Hinweis ein. Berühren Sie das Feld darunter, um den eigentlichen Nachrichtentext zu verfassen und tippen Sie dann auf .

Foto oder Video versenden

Tippen Sie oberhalb der Tastatur auf das Büroklammer-Symbol 8 und anschließend auf *Fotomediathek*. Der Inhalt der Foto-App wird angezeigt, zunächst nur die zuletzt aufgenommenen Fotos. Werden Sie hier nicht gleich fündig, tippen Sie auf *Sammlungen* und anschließend auf *Alben*, so können Sie gezielter nach dem gewünschten Foto bzw. Video suchen. Wählen Sie ein Bild aus. Dieses wird dem Nachrichtenbereich hinzugefügt. Die Nachricht wird wie gewohnt bearbeitet und versendet.

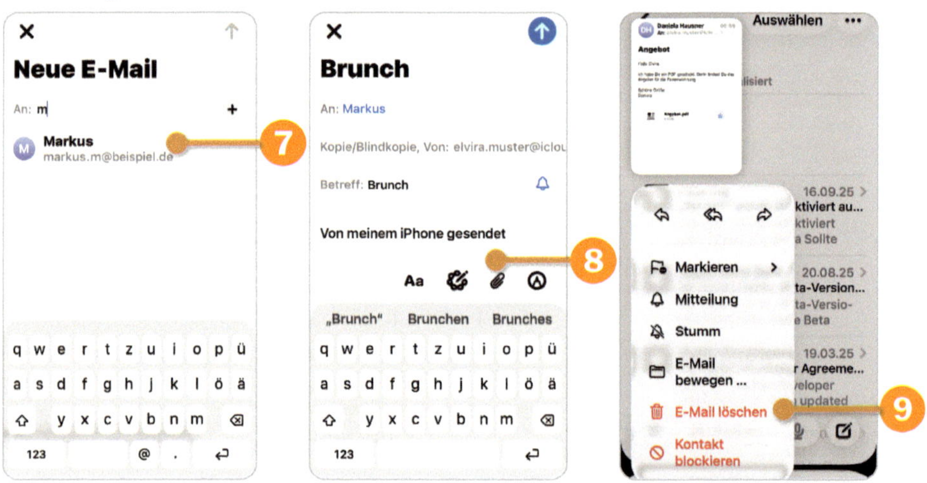

E-Mail löschen oder widerrufen

Durch längeres Antippen einer E-Mail erhalten Sie weitere Bearbeitungsmöglichkeiten. Scrollen Sie nach unten und tippen Sie auf *E-Mail löschen* 9. Die gelöschte E-Mail verbleibt 30 Tage im Papierkorb und wird dann endgültig gelöscht.

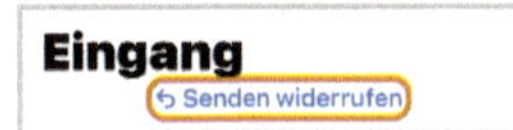

Nach dem Senden einer Nachricht haben Sie kurz die Möglichkeit, diese wieder zurückzurufen. Tippen Sie dazu oben auf *Senden widerrufen*.

Eigentlich wird die Nachricht nicht wirklich zurückgerufen, sondern der Versand wurde verzögert bis zu einer Maximaldauer von 30 Sekunden. Die Verzögerung können Sie selbst bestimmen unter *Einstellungen* ▶ *Apps* ▶ *Mail* ▶ *Sendeverzögerung*. Hier entscheiden Sie sich für 10, 20 oder 30 Sekunden. Bei Auswahl von *Aus* kann das Senden nicht widerrufen werden.

Nach einem Sendewiderruf wird die Nachricht angezeigt. Sie können diese entweder sofort ändern und nochmals verschicken oder Sie tippen links oben auf *x*. Dann finden Sie die Nachricht im Ordner *Entwürfe*.

6.3 Nachrichten über WhatsApp

Via WhatsApp tauschen Sie Nachrichten, Bilder und Videos mit Freunden aus. WhatsApp-Nachrichten haben für viele Menschen die SMS abgelöst, schließlich ist dieser Dienst kostenlos, man kann ganz einfach Fotos und Videos versenden und sogar Sprach- und Videoanrufe tätigen. Zunächst muss die App aus dem App Store heruntergeladen werden. Wie das geht, haben Sie bereits auf Seite 86 erfahren. Sie können natürlich auch andere Nachrichtendienste verwenden, z. B. Signal oder Threema.

WhatsApp einrichten

- Nach dem Öffnen der App stimmen Sie den Nutzungsbedingungen mit *Zustimmen und Fortfahren* ❶ zu. Um diese zu lesen, tippen Sie auf die farbig hinterlegten Worte und zeigen mit der Zurück-Taste danach wieder WhatsApp an.
- Tippen Sie auf *Erlauben*, um Mitteilungen in Form von Hinweisen, Tönen etc. zu erhalten.
- Tragen Sie dann Ihre Telefonnummer ein ❷. Beachten Sie, dass der Landescode *+49* automatisch vorangestellt wird. Dadurch entfällt die erste Null Ihrer Telefonnummer. Alternativ tippen Sie auf Ihre Telefonnummer über dem Ziffernfeld. Sie wird dann automatisch eingetragen. Bestätigen Sie mit *Weiter* und dann mit *Ja* ❸.

- Zur Verifikation der Telefonnummer wird eine SMS gesendet. Sie können den Code übernehmen, indem Sie über dem Ziffernfeld aus *Aus „Nachrichten"* tippen. Ansonsten tippen Sie den sechsstelligen Code ein. Wenn Sie keine SMS erhalten haben, überprüfen Sie die angezeigte Telefonnummer. Hat sich ein Tippfehler eingeschlichen, dann geben Sie den Code erneut ein. Ist die Nummer richtig, wählen Sie keinen *Code erneut senden* oder *Anrufen lassen*.
- Falls Sie WhatsApp schon auf einem anderen Smartphone verwendet und es in der iCloud gesichert haben, tippen Sie auf *Wiederherstellen*, um Ihre Chats, Bilder, Videos etc. auf das neue Smartphone zu laden. Wenn Sie WhatsApp zum ersten Mal verwenden, tippen Sie auf *Überspringen* ❹.

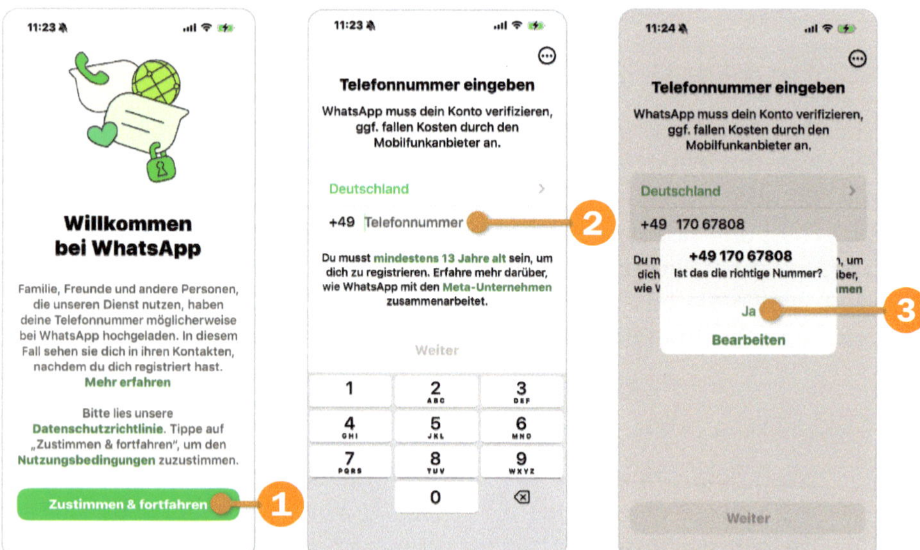

- Geben Sie dann für Ihr WhatsApp Profil einen Namen ❺ ein, der Ihren WhatsApp-Kontakten angezeigt wird, und laden Sie optional ein Profilbild ❻ hoch. Tippen Sie dann auf *Fertig*. Und bestätigen Sie mit *Fortfahren* ❼, dass WhatsApp auf Ihre Kontakte zugreifen darf.
- Im Anschluss können Sie entscheiden, welche Kontakte mit WhatsApp geteilt werden sollen. Tippen Sie auf *Alle Kontakte teilen*.
- Nun können Sie über WhatsApp Ihren Freunden schreiben.

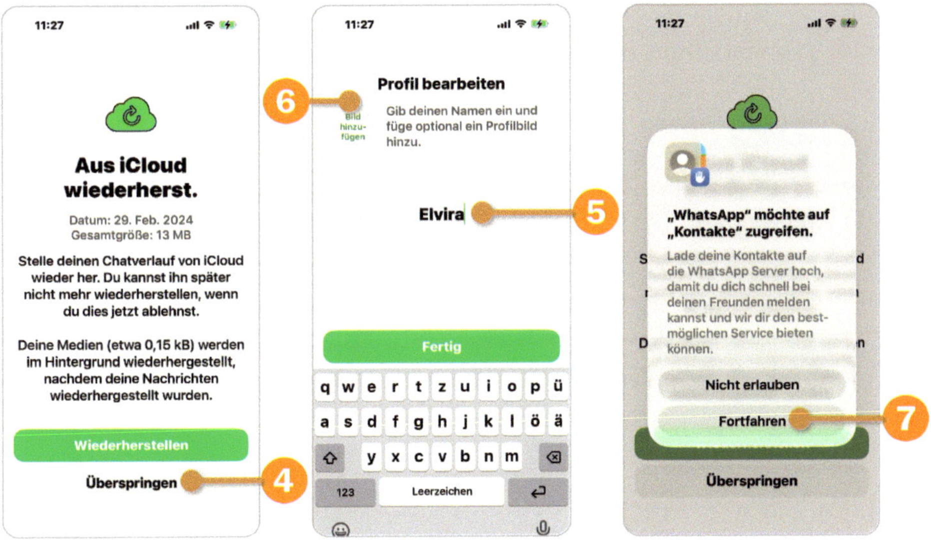

Eine Nachricht versenden

Um einen neuen Chat zu starten, öffnen Sie das Register *Chats* und tippen Sie auf ➕ rechts oben ❶. Es wird eine Liste aller Kontakte angezeigt, die Sie im Adressbuch Ihres Smartphones (App Kontakte) mit Handynummer gespeichert haben und die WhatsApp verwenden.

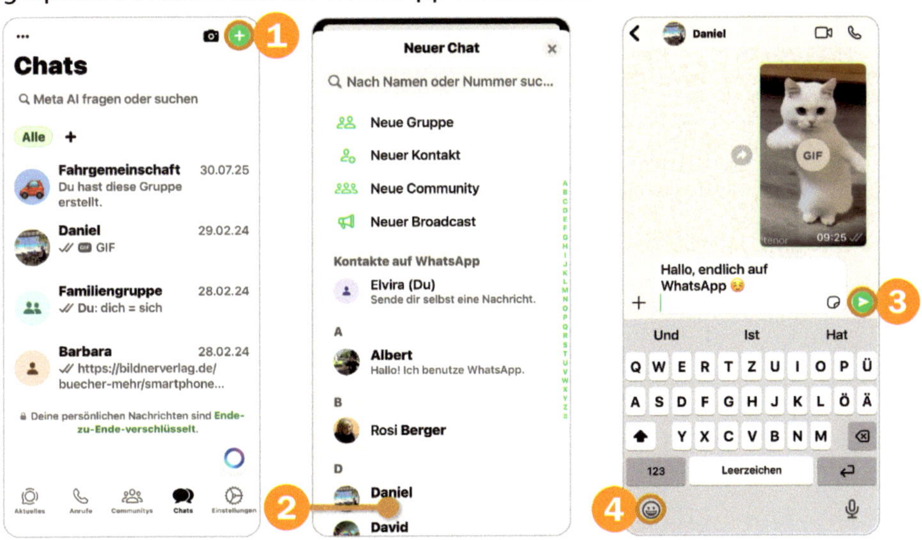

- Tippen Sie den Namen der Person ❷ an, der Sie eine Nachricht schicken möchten. Es öffnet sich ein neuer Chat.
- Geben Sie Ihren Text ein. Versenden Sie die Nachricht durch Antippen von ▶ ❸.

Wenn Sie dieser Person das nächste Mal eine Nachricht schreiben, können Sie einfach den Chat in der Übersicht auswählen. Mit dem Pfeil links oben verlassen Sie den Chat wieder und kehren zur Übersicht zurück.

Tipp: Zum Einfügen von Emojis tippen Sie auf ☺ ❹ unter der Tastatur. Ansonsten gilt auch hier, was Sie auf Seite 52 über Emojis bereits erfahren haben.

Fotos/Videos versenden

- Öffnen Sie den Chat mit dem Empfänger oder tippen Sie auf das Symbol ⊕, um einen anderen Empfänger auszuwählen.
- Tippen Sie neben dem Texteingabefeld auf + ❶ und anschließend auf *Fotos* ❷.
- Erlauben Sie WhatsApp den Zugriff auf Ihre Fotos (*Vollen Zugriff erlauben*).

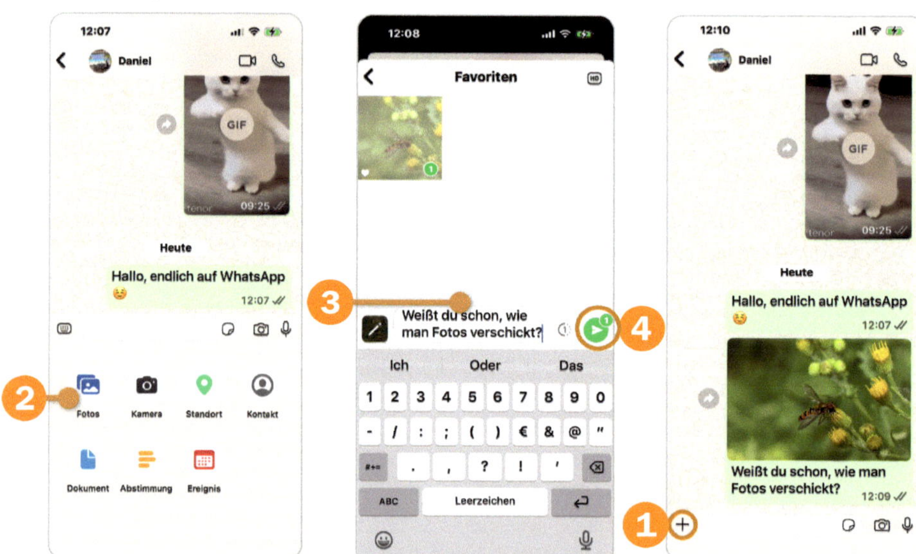

- Wählen Sie ein Foto aus der *Mediathek* aus oder tippen Sie links oben auf *Alben*. Fügen Sie, wenn gewünscht, eine Bildunterschrift hinzu ❸ (siehe Grafik vorige Seite).
- Senden Sie die Datei durch Antippen von ➤ ❹.

Sprachnachricht verschicken

Über das Mikrofon-Symbol 🎙 neben dem Texteingabefeld können Sie Sprachnachrichten erstellen und versenden.

- Tippen Sie auf das Mikrofon-Symbol ❶ und erlauben Sie WhatsApp auf das Mikrofon zuzugreifen. Halten Sie dann das Mikrofon-Symbol gedrückt und diktieren Sie Ihren Text.
- Sobald Sie es loslassen, wird die Nachricht automatisch verschickt. Sie müssen also nicht auf *Senden* tippen.
- Um eine längere Nachricht aufzuzeichnen und nicht ständig mit dem Finger auf dem Mikrofon-Symbol bleiben zu müssen, wischen Sie es nach dem Start nach oben, sodass ein kleines Schloss-Symbol ❷ erscheint. Wenn Sie die Sprachnachricht abschicken wollen, drücken Sie auf ➤ ❸, und wenn Sie sie abbrechen wollen, tippen Sie auf 🗑 ❹.

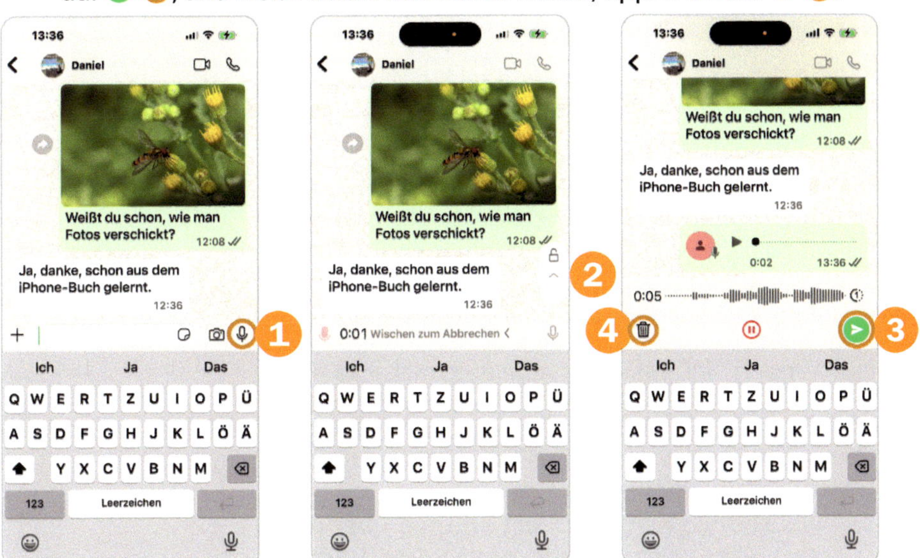

Sprach- und Videoanrufe

- Öffnen Sie den Chat der Person, mit der Sie telefonieren wollen.
- Tippen Sie oben in der Leiste entweder auf das Hörer-Symbol für einen Sprachanruf oder auf das Kamera-Symbol (1) für einen Videoanruf.

- Erlauben Sie vor dem Videoanruf den Zugriff auf das Mikrofon und die Kamera: Gehen Sie in die iPhone-*Einstellungen*, scrollen Sie ganz nach unten, tippen auf *Apps* und dann auf *WhatsApp*. Schieben Sie den Schalter bei *Kamera* auf *Ein*.
- Wenn Sie via WhatsApp kontaktiert werden, wird ein Feld mit dem Anrufernamen eingeblendet (2). Sie können jetzt den Anruf mit ablehnen oder mit annehmen.

Den cleveren Assistenten Meta AI nutzen

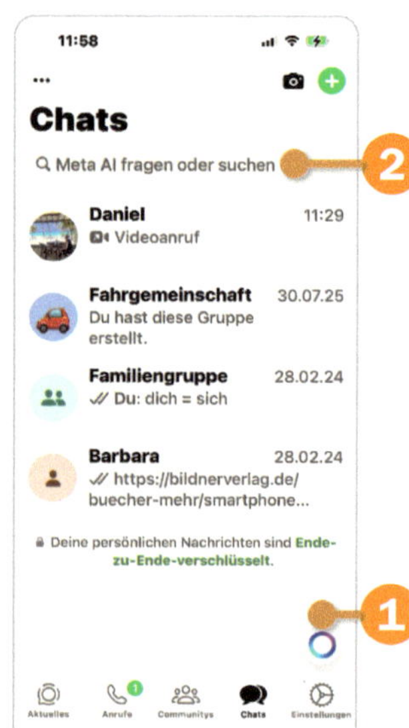

Meta AI ist ein KI-Assistent, der direkt in WhatsApp integriert ist. Sie können ihn über den blauen Meta-AI-Button in Ihren Chats aktivieren. Meta AI hilft beim Erstellen kreativer Inhalte wie Gedichten, Geschichten oder Bildern und liefert aktuelle Infos wie Nachrichten, Wetter oder Empfehlungen für Orte. Auch bei alltäglichen Fragen und Aufgaben steht Ihnen Meta AI zur Seite. So einfach nutzen Sie ihn:

- Tippen Sie auf das Meta AI-Symbol in der unteren rechten Ecke (1) oder verwenden Sie alternativ die Suchleiste oberhalb der Chat-Übersicht (2).
- Sie können Meta AI direkt im Chat über die Eingabezeile fragen, z. B. „Wie wird das Wetter morgen?" oder auffordern „Schreibe ein Gedicht über den Frühling".

6.4 Nachrichten in Echtzeit übersetzen lassen

Mit iOS 26 macht Ihr iPhone das Schreiben in anderen Sprachen besonders einfach: Während Sie eine Nachricht verfassen, wird Ihr Text automatisch in die Sprache Ihres Gesprächspartners übersetzt – noch bevor Sie ihn abschicken. So können Sie sich problemlos mit Menschen verständigen, die eine andere Sprache sprechen – ganz ohne Übersetzungs-App oder manuelle Eingabe. Die Funktion läuft direkt auf dem Gerät und schützt Ihre Daten, da keine Internetverbindung nötig ist. So funktioniert es:

- Öffnen Sie die Nachrichten-App und starten Sie eine Unterhaltung mit einer Person, die eine andere Sprache spricht.
- Tippen Sie oben im Chat auf den Namen des Kontakts und schalten Sie die Option *Automatisch übersetzen* ❶ ein.
- Wählen Sie Ihre Ausgangssprache (z. B. Deutsch) und die Zielsprache (z. B. Englisch) ❷.
- Während Sie Ihre Nachricht eingeben, wird sie sofort in die Zielsprache übersetzt – noch bevor Sie sie abschicken ❸.
- Ihr Gesprächspartner erhält die Nachricht in seiner Sprache. Sie sehen beide Versionen: Ihre Originalnachricht und die Übersetzung ❹.

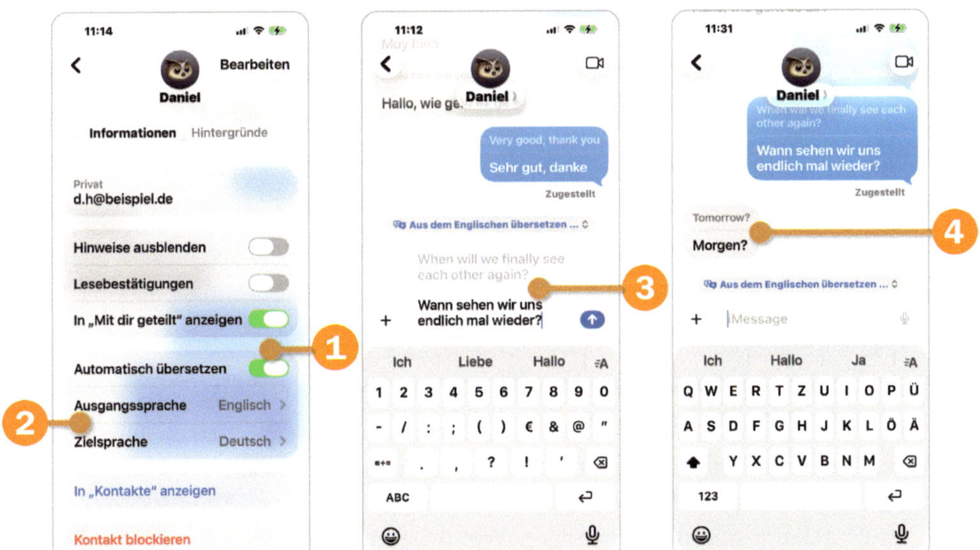

7 Fotos und Videos

Mit dem Smartphone haben Sie jetzt auch immer eine Kamera dabei. Diese macht nicht nur hübsche Schnappschüsse, sondern kann auch dazu dienen, Informationen zu sichern, z. B. können Sie an der Bushaltestelle die neuen Abfahrtszeiten abfotografieren.

7.1 Fotos und Videos aufnehmen

Übersicht der Bedienoberfläche

Fotos knipsen

- Öffnen Sie die Kamera-App. Vergewissern Sie sich, dass der Aufnahmemodus *Foto* ❶ ausgewählt ist.
- **Zoom:** Wählen Sie zwischen Ultraweitwinkel *0,5* oder der Hauptkamera *1x* ❷. Je nach iPhone-Modell können hier auch noch Tele-Zooms mit *2x* oder *3x* angeboten werden. Wenn Sie etwas länger auf die Auswahl tippen, stehen Ihnen darunter weitere Optionen zur Verfügung. Sie können das Wahlrad ❸ nach rechts oder links verschieben und so die

Einstellungen verändern. Je höher die Einstellung, desto näher wird an das Motiv gezoomt.

- **Scharfstellen:** Falls nötig, tippen Sie auf dem Bildschirm den Teil des Fotos an, auf den scharf gestellt werden soll. Die Belichtung wird dadurch an den angetippten Bereich angepasst. Gleichzeitig wird ein Schieberegler 4 angezeigt, über den Sie die Belichtung korrigieren können.
- Wenn Sie zufrieden sind, drücken Sie den Auslöser – entweder am Bildschirm unten 5 oder über die Lautstärketaste links am Handy.
- Nach der Aufnahme wird das Foto als Miniaturbild 6 in der rechten unteren Ecke eingeblendet. So sehen Sie, dass die Aufnahme funktioniert hat. Sie können dann gleich ein neues Bild knipsen.

Selfie aufnehmen

Um ein Bild von sich selbst zu machen, müssen Sie die Kamera wechseln. So sehen Sie sich auf dem Bildschirm und werden dabei geknipst. Die Frontkamera steuern Sie durch Antippen von an. Um Ihr Gesicht erscheint kurz ein rechteckiger Rahmen, dadurch zeigt die Kamera an, dass sie bereit ist. Da es etwas umständlich ist, so den Auslöser-Button zu drücken, können Sie stattdessen eine der Lautstärke-Tasten zum Auslösen betätigen. Alternativ können Sie den Timer, z. B. auf 3 Sekunden einstellen. Tippen Sie dazu auf 7 und dann auf *Timer*. Stellen Sie den Timer entweder auf *3s*, *5s* oder *10s*. Um den Timer wieder auszuschalten, tippen Sie auf *Aus*.

Auswahl des Seitenverhältnisses

Die Kamera-App stellt verschiedene Seitenverhältnisse zur Verfügung. Sie finden sie, wenn Sie oben in der Befehlsleiste auf ⊞ ❶ tippen und anschließend im unteren Bereich auf *Verhältnis* ❷. Wählen Sie dann durch mehrmaliges Tippen das passende Seitenverhältnis (*1:1*, *4:3* oder *16:9* ❸) aus.

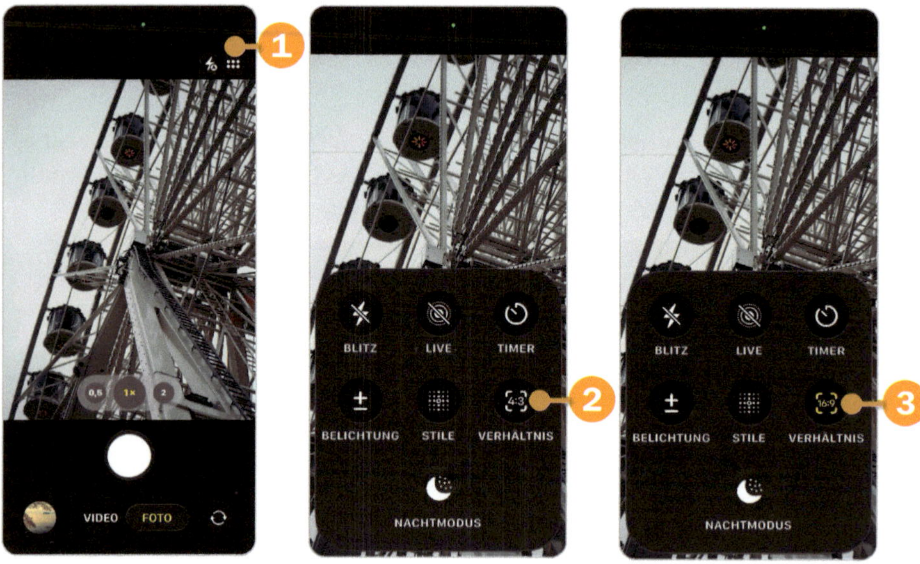

4:3 oder 16:9: Das Bild rechts oben wurde im Format 4:3 geknipst, das Foto darunter im Format 16:9. Sie sehen, dass im Format 4:3 der größere Bildausschnitt aufgenommen werden kann (das rote Rechteck zeigt den Ausschnitt 16:9). Das ist durchaus ein Vorteil dieses Formats. 16:9 ist das Seitenverhältnis von Monitoren und Fernsehern. Wenn Sie also Ihre Bilder am Fernseher oder Laptop vorführen möchten, dann sind Aufnahmen im Querformat und einem Seitenverhältnis von 16:9 am schönsten anzusehen, da sie den gesamten Bildschirm einnehmen.

(1:1) Quadrat: Mit der Auswahl *1:1* knipsen Sie quadratische Bilder mit einem Meter Breite und einem Meter Höhe.

Blitz einschalten

Selbstverständlich verfügt Ihr iPhone auch über einen Blitz. Sie können zwischen *Aus*, *Auto-Blitz* und *Ein* (in diesem Fall wird der Blitz auf jeden Fall ausgelöst) wechseln. Tippen Sie rechts oben zunächst auf ⊕ und dann im unteren Bereich auf *Blitz* ❶. Wählen Sie anschließend die passende Option ❷ durch Antippen aus. Alternativ benutzen Sie das Blitz-Symbol ❸ oben rechts.

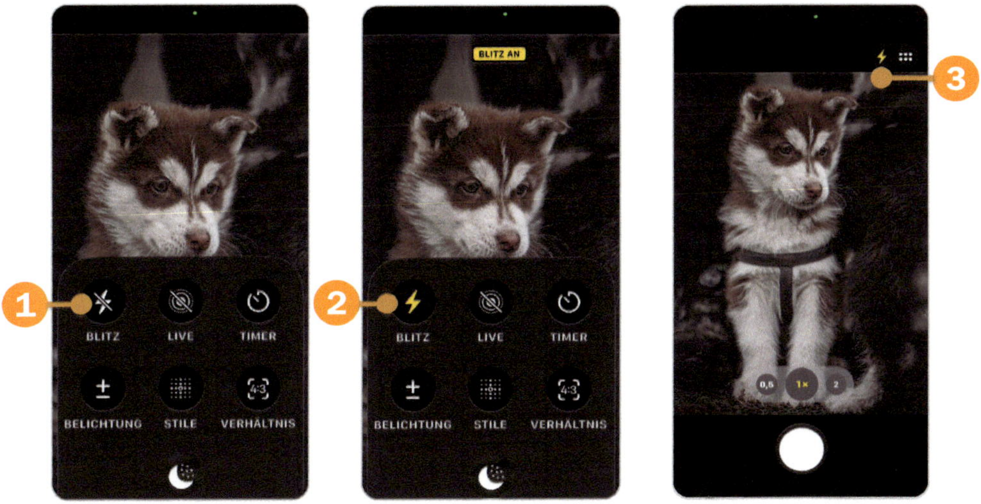

Schnellstart der App Kamera

Schnell, schnell, der Augenblick ist gleich vorbei! Mit diesem Kniff aktivieren Sie fix die Kamera-App:

- Bleiben Sie mit dem Finger etwas länger auf dem Kamera-Symbol rechts unten auf dem Sperrbildschirm oder wischen Sie auf dem Sperrbildschirm nach links.

Sie nutzen dann die Kamera App, ohne das Smartphone entsperrt zu haben. Deshalb müssen Sie das nach der Aufnahme erledigen. Auch in der App stehen, wenn Sie diese so aufrufen, nicht alle Funktionen zur Verfügung.

Video aufnehmen

Wenn Sie ein Video aufnehmen wollen, wählen Sie zunächst *Video* ❶ und tippen dann auf den Auslöser ❷, der jetzt zur Unterscheidung zum Foto-Auslöser einen roten Punkt hat. Im oberen Bereich wird die Aufnahmezeit eingeblendet. Beenden Sie das Video durch Antippen von ● ❸.

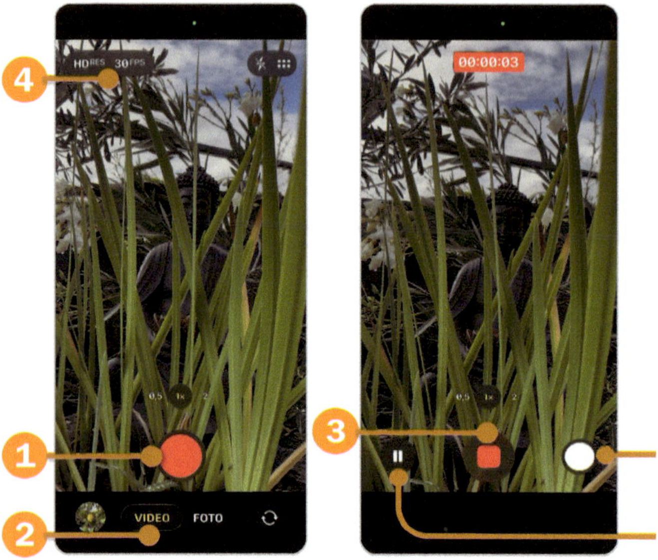

Hier ❹ lassen sich Auflösung und Bildrate des Videomodus, z. B. 4K bei 60 fps, konfigurieren.

Sie können während der Videoaufnahme sogar ein Foto machen.

Video pausieren

Interessante Aufnahmemodi

Es gibt noch weitere Aufnahmemodi, die Ihnen tolle Fotos bescheren. Wir zeigen Ihnen kurz, wo Sie die Aufnahmemodi finden und welchen Zweck sie erfüllen.

Porträt ❶ bietet Ihnen die Möglichkeit, auf ein Objekt scharf zu stellen und den Hintergrund nur verschwommen anzuzeigen. Diese Funktion wird häufig bei Porträtaufnahmen genutzt.

Auch andere Modi wie Panorama, Slo-Mo, Zeitraffer oder Kino lassen sich durch horizontales Streichen in der unteren Leiste auswählen ❷.

- Mit *Pano* nehmen Sie 360 Grad Ihrer Umgebung als Foto auf.
- Mit *Slo-Mo* können Sie Videos mit verminderter Geschwindigkeit aufzeichnen.
- Mit *Zeitraffer* können Sie Zeitrafferaufnahmen erstellen. So wird aus einer mehrminütigen Aufnahme eine kurze Videosequenz.

- Mit *Kino* entsteht ein Filmlook mit unscharfem Hintergrund, automatischem Fokuswechsel und nachträglicher Bearbeitung.

Wozu QR-Codes?

Mittels QR-Codes werden Ihnen Informationen zur Verfügung gestellt. Dabei kann es sich um eine Adresse oder Telefonnummer handeln, die sich hinter dem Code verbirgt. Oft dienen Codes der Weiterleitung zu einer Internetseite, beispielsweise als Teil eines Gewinnspiels oder zur Anzeige von Bildern und Videos zu einem Informationsflyer, Seminar oder Buch.

Den QR-Code können Sie mit der Kamera Ihres Smartphones scannen. Öffnen Sie die App *Kamera* und nehmen Sie den QR-Code ins Visier. Dieser wird automatisch gescannt. Wenn das geschehen ist, wird darunter angezeigt ❶, auf was der Code verweist, in diesem Beispiel auf die Webseite Bildner TV. Wenn Sie die Seite anzeigen möchten, tippen Sie auf das Feld.

Tipp: Falls das Scannen des QR-Codes nicht klappt, überprüfen Sie in den iPhone-Einstellungen, ob die Funktion aktiviert ist. Scrollen Sie nach unten zu *Kamera* und tippen Sie die App an. Ziehen Sie ggf. bei *QR-Codes scannen* ❷ den Regler auf die Position *Ein*.

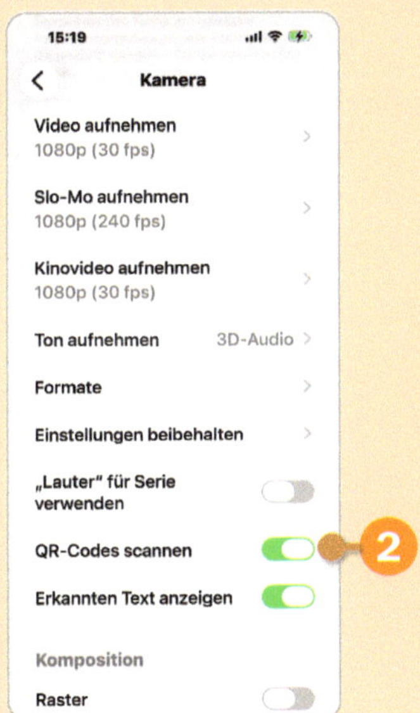

7.2 Die Fotos-App

Die App *Fotos* dient der Anzeige Ihrer Fotos und Videos. Sie bietet darüber hinaus auch einfache Bearbeitungsfunktionen.

Übersicht der Bedienoberfläche

Sobald Sie die Fotos-App öffnen, erscheint die *Mediathek* ❶, die alle Bilder und Videos, die auf Ihrem Smartphone gespeichert sind, enthält. Diese sind nach Datum sortiert. Wischen Sie einfach vertikal über den Bildschirm nach unten, um durch Ihren Bildbestand zu blättern. Tippen Sie auf ein einzelnes Bild, um es genauer zu betrachten und ggf. zu bearbeiten (mehr dazu auf Seite 133).

Wenn Sie auf *Sammlungen* ❷ tippen, werden verschiedene Kategorien angezeigt, z. B. *Rückblicke*, *Angepinnt*, *Alben*, *Personen & Haustiere*, *Reisen*. Die beiden unteren Rubriken *Medienarten* ❸ und *Sonstige* ❹ enthalten zusammengefasste Themen, die Sie durch horizontales Wischen erreichen können - etwa *Videos*, *Bildschirmfotos*, *Favoriten*, *Zuletzt gelöscht* oder *Zuletzt angesehen*.

Wenn Ihnen die Anordnung der Kategorien nicht gefällt, tippen Sie ganz unten auf *Neu anordnen* ❺. Verschieben Sie dann die Kategorien, indem Sie etwas länger mit dem Finger auf ≡ bleiben und sie anschließend nach oben bzw. unten ziehen. Bestätigen Sie mit dem blauen Haken rechts oben.

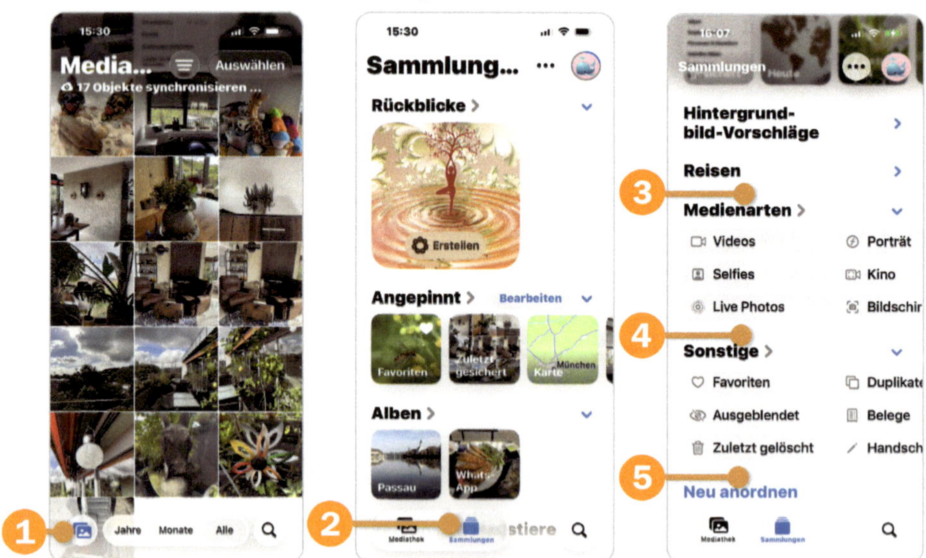

Ändern Sie die Größe der Vorschaubilder, indem Sie ein Bild mit zwei Fingern auseinander- bzw. zusammenziehen.

Bilder in der Einzelansicht anzeigen

In der Fotos-App können Sie Fotos nicht nur anzeigen und betrachten, sondern es stehen Ihnen in der Einzelansicht weitere Optionen zur Verfügung.

- Öffnen Sie die App *Fotos* und wählen Sie ein Bild durch Antippen aus.

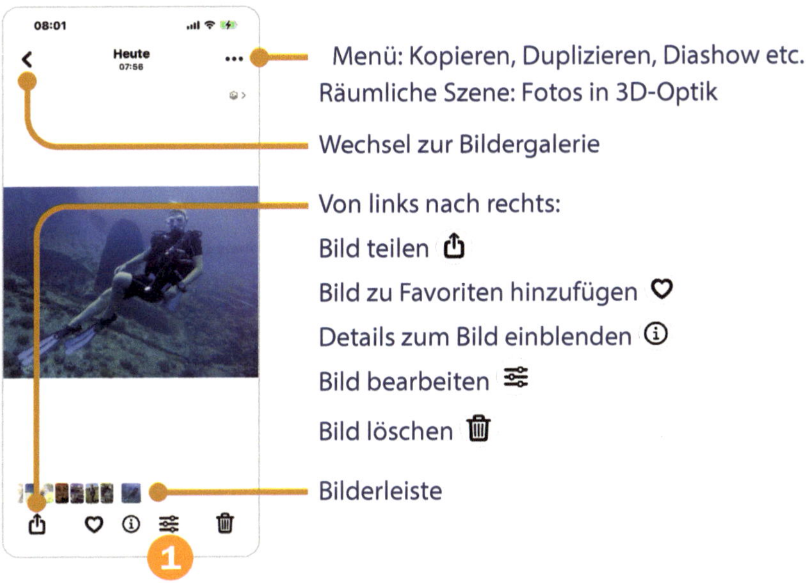

Hintergrund entfernen

Mit nur einem Fingertipp ist es möglich, Motive freizustellen und somit den Hintergrund zu entfernen. Das freigestellte Motiv kann dann kopiert und in eine andere App, z. B. Notizen oder Nachrichten, eingefügt oder als Sticker verwendet werden.

- Bleiben Sie mit dem Finger einfach etwas länger auf dem Motiv und tippen Sie dann auf *Kopieren*.

- Öffnen Sie nun die App, in die das Motiv eingefügt werden soll.
- Tippen Sie dann etwas länger auf eine freie Stelle, z. B. in der App Nachrichten in das Texteingabefeld, und wählen Sie dann *Einsetzen* aus.

Bilder bearbeiten

Kleine Veränderung, große Wirkung: Die App Fotos bietet grundlegende Bildbearbeitungsfunktion. Verändern Sie den Zuschnitt Ihres Bildes oder versehen Sie es mit einem Filter.

- Wählen Sie ein Bild aus und tippen Sie auf *Bearbeiten* ❶ (Abbildung vorige Seite).

Automatisch anpassen

Mit dem Befehl *Auto* ❷ wird das Bild analysiert und verschiedene Verbesserungen angewendet. Im Beispiel auf der nächsten Seite wurde das Bild zugeschnitten und Berichtigungen an der Belichtung und dem Kontrast vorgenommen. Wo diese Änderungen automatisch vollzogen wurden, erkennen Sie an der gelben bzw. weißen Markierung am Kreis der Kategorie. Wenn Sie den Befehl nochmals antippen, werden die Änderungen wieder zurückgenommen.

Filter anwenden

Mit Filtern können Sie ein Foto schnell verändern: Sie können die Farben kühler oder wärmer erscheinen lassen oder ein Schwarz-Weiß-Bild erstellen. Tippen Sie auf *Filter* ❸ und wischen Sie einfach unten mit einer horizontalen Fingerbewegung durch die Filter. Durch Antippen wählen Sie einen Filter aus. Darunter bestimmen Sie mit dem Regler ❹ die Intensität des Filters. Wenn Sie mit dem Ergebnis zufrieden sind, speichern Sie das Bild. Das Bild wird mit diesen Änderungen überschrieben (mehr dazu gleich).

Bild zuschneiden, drehen und mehr

Tippen Sie auf ❺, um ein Bild zuzuschneiden.

- Ziehen Sie an den weißen Anfasser in den Ecken des Bildes. Damit beschneiden Sie das Foto. Das Bild kann in diesem Bereich auch zusätzlich verschoben werden.

Weitere Bearbeitungsoptionen stehen über dem Bild ⑥ zur Verfügung:

- Über können Sie das Bild jeweils um 90° drehen.
- Wenn Sie auf tippen, wird das Bild horizontal gespiegelt.
- Das Format des Bildes ändern Sie über .
- Über die Optionen direkt unter dem Bild ⑦ können Sie das Bild begradigen und perspektivische Verzerrungen, beispielsweise bei Fotos von Gebäuden, korrigieren, oder Text hinzufügen.

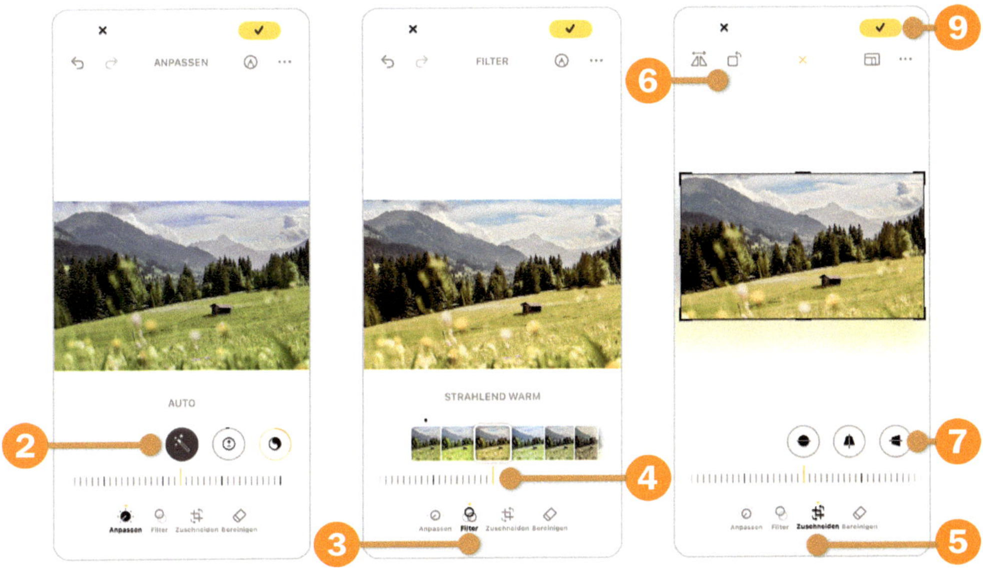

Wenn Sie die Datei versenden, wird diese automatisch mit allen Änderungen verschickt.

Störende Elemente entfernen

Mit der Funktion *Bereinigen* ⑧ können Sie unerwünschte Elemente wie Personen im Hintergrund, Stromleitungen, Müll oder andere Störungen direkt aus Ihren Fotos entfernen.

Die Funktion nutzt generative KI, um das markierte Objekt intelligent zu erkennen und den Hintergrund realistisch zu rekonstruieren. Sie müssen das störende Element nur antippen oder mit dem Finger markieren (diese Stellen werden farbig hervorgehoben), und die Fotos-App erledigt den Rest automatisch. In unserem Beispiel (siehe vorige Seite) wurde die kleine Hütte auf dem Berg mit einem Fingerwisch entfernt, wobei die KI das Gras im Hintergrund realistisch ergänzt hat.

Änderungen übernehmen oder verwerfen

Um die Änderungen, die Sie am Foto vorgenommen haben, zu behalten, tippen Sie rechts oben auf das Häkchen (siehe Bild vorige Seite 9). Das Originalbild wird überschrieben. Sie können das Bild jederzeit erneut in der App Fotos öffnen und über *Bearbeiten* und Auswahl von den Originalzustand des Bildes wiederherstellen. Dabei werden alle Veränderungen rückgängig gemacht, Sie können hier keine Auswahl treffen. Bestätigen Sie mit *Zurück zum Original*.

Wenn Sie ein Bild bearbeiten und Ihnen die Änderungen nicht zusagen, tippen Sie einfach auf das *x* links oben und bestätigen mit *Änderungen verwerfen*, dann werden alle Änderungen entfernt.

Videos abspielen

In der Fotos-App kann man natürlich nicht nur Bilder anzeigen und betrachten, sondern auch Videos.

- Um ein Video wiederzugeben, öffnen Sie die Fotos-App.
- Wählen Sie ein Video durch Antippen aus.
- Das Video wird nach Auswahl sofort abgespielt, zunächst allerdings ohne Ton. Um den Ton einzuschalten, tippen Sie auf .
- Für das Video finden Sie in der Bearbeitungsleiste die bekannten Funktionen Teilen , zu Favoriten hinzufügen , Details einblenden und Löschen .

Bilder und Videos löschen

Meist belegen Fotos und Videos den größten Teil des Speicherplatzes. Löschen Sie deshalb Bilder und Videos, die misslungen sind oder die Sie nicht mehr benötigen. Öffnen Sie die Fotos-App.

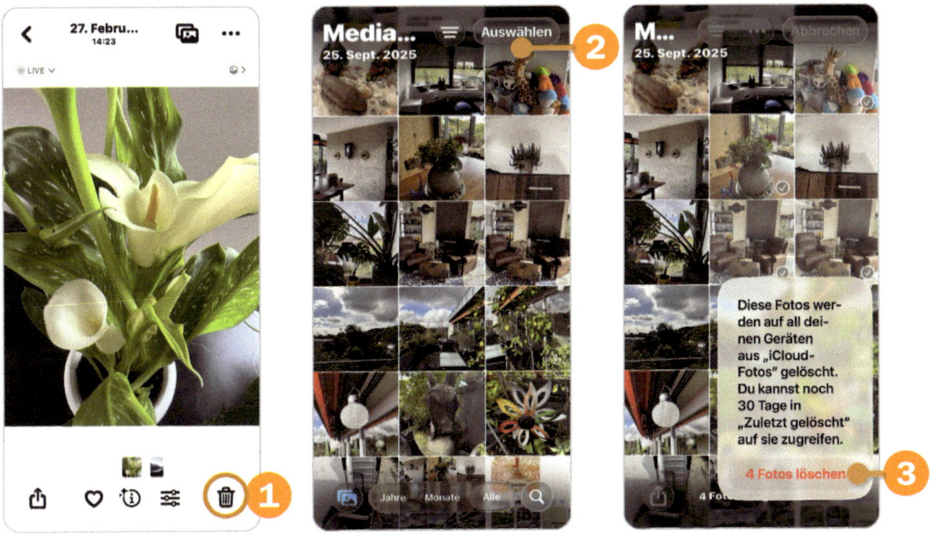

- **Einzelbild:** Um ein einzelnes Bild zu löschen, tippen Sie es an, sodass Sie sich in der Einzelbildansicht befinden. Rechts unten wählen Sie das Symbol ❶. Bestätigen Sie mit *Foto löschen*.
- **Mehrere Bilder:** Sie können auch gleich mehrere Objekte löschen, indem Sie in der Bilderübersicht auf *Auswählen* ❷ tippen und mehrere Elemente durch Antippen mit einem Häkchen versehen. Wählen Sie dann rechts unten das Symbol aus. Bestätigen Sie mit *Fotos löschen* ❸.

Bilder und Videos, die Sie gelöscht haben, landen im Papierkorb. Um den Ordner zu öffnen, tippen Sie links unten auf *Sammlungen* und wischen ganz nach unten zur Rubrik *Sonstige* ❹ und tippen dort auf *Zuletzt gelöscht* ❺.

- **Wiederherstellen:** Wenn Sie ein Foto aus Versehen gelöscht haben, wählen Sie es im Album *Zuletzt gelöscht* aus und tippen dann unten rechts auf *Wiederherstellen* ❻.
- **Papierkorb leeren:** Entfernen Sie alle Elemente, indem Sie oben rechts auf *Auswählen* tippen und dann unten rechts auf •••. Wählen Sie anschließend *Alle löschen* ❼ aus. Bestätigen Sie mit *Von allen Geräten löschen*.

Wenn Sie diese Option nicht in Anspruch nehmen, werden Objekte, die im Papierkorb landen, automatisch nach 30 Tagen gelöscht.

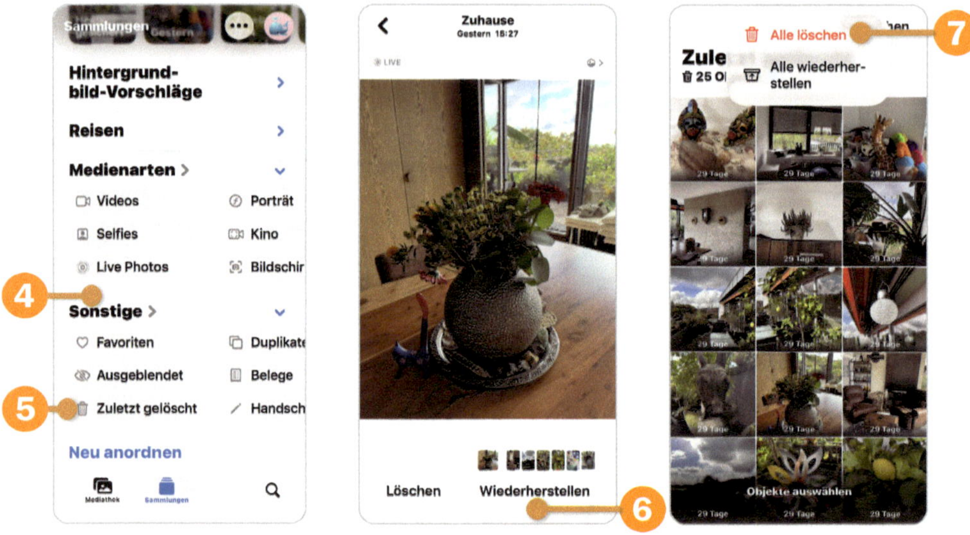

Lieblingsbilder und -videos markieren

Bilder und Videos können in der Einzelansicht über ♡ als Lieblingsaufnahme markiert werden. Alle Favoriten werden dann gemeinsam angezeigt. Dazu wischen Sie in den *Sammlungen* ganz nach unten zur Rubrik *Sonstige* und wählen *Favoriten* aus.

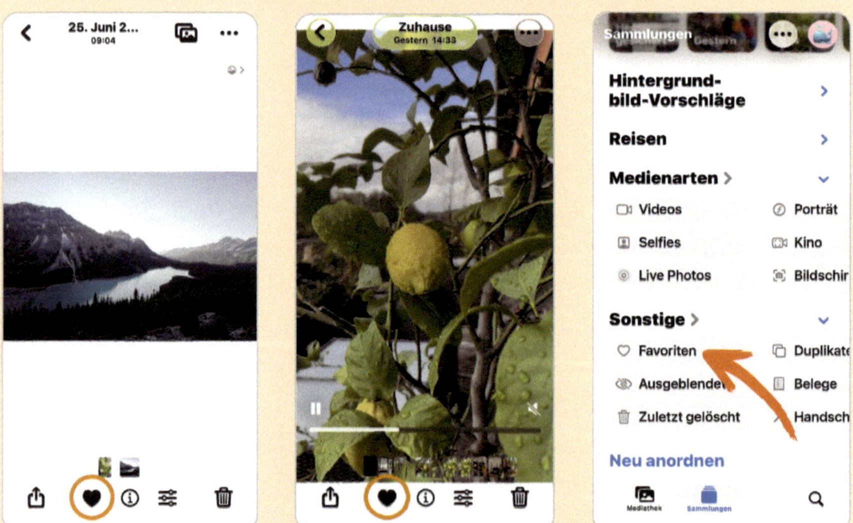

7.3 Eigene Bilder mit KI erstellen

Kreative Ideen lassen sich jetzt ganz einfach in Bilder verwandeln – dank der App Playground auf dem iPhone. Ob ein tanzender Roboter im Regen oder ein Lama mit Sonnenbrille auf einem Skateboard: Sie geben eine kurze Beschreibung ein, wählen einen Stil, wie Animation oder Genmoji, und die App erstellt daraus ein passendes Bild. Playground nutzt Künstliche Intelligenz, um Ihre Vorstellung zu erkennen und visuell umzusetzen – ganz ohne Zeichenkenntnisse. Die Ergebnisse sind überraschend detailreich, witzig oder sogar realistisch und lassen sich direkt speichern oder versenden.

Individuelle Bilder gestalten:

- Öffnen Sie die App *Playground*.
- Geben Sie in das Eingabefeld ❶ Ihre Bildidee ein. Formulieren Sie eine kurze Beschreibung, z. B. "Ein Pinguin mit Sonnenbrille in einem Café." Bestätigen Sie dann mit der Eingabetaste auf Ihrer Tastatur.
- Die App erstellt in wenigen Sekunden mehrere Bildideen. Durch Wischen nach links können Sie weitere Vorschläge entdecken ❷.
- Nach Bedarf können Sie die Darstellungsweise des Bildes ändern. Tippen Sie dazu auf *Stil* ❸. Zur Auswahl stehen *Animation*, *Illustration*, *Skizze*, *Genmoji* und *ChatGPT* ❹. Wenn Sie einen anderen Stil auswählen, wird daraufhin sofort ein neues Bild erstellt.

- Alternativ können Sie auch ein geknipstes Foto aus der Fotos-App hochladen, das dann mit KI in ein animiertes Foto umgewandelt wird. Tippen Sie dazu auf ❺ (siehe vorige Seite).
- Falls Ihnen spontan keine Bildidee einfällt, können Sie einfach die verschiedenen Rubriken nutzen, z. B. *Vorschläge*, *Themen*, *Gesichtsausdrücke*, *Kleidung* etc. Wählen Sie hierzu die Option *Mehr anzeigen* ❻.
- Um das Bild in der Fotos-App zu speichern, tippen Sie rechts oben auf *Sichern* ❼ und bestätigen Sie dann nochmals mit dem Häkchen ✓. Sollte das Bild noch nicht in der Fotos-App gespeichert sein, tippen Sie auf das Teilen-Symbol ❽ und dann auf *Bild sichern*.
- Nun können Sie das Bild direkt in Nachrichten mit Freunden oder Familie teilen.

Ihr persönliches Emoji – Genmoji erstellen:

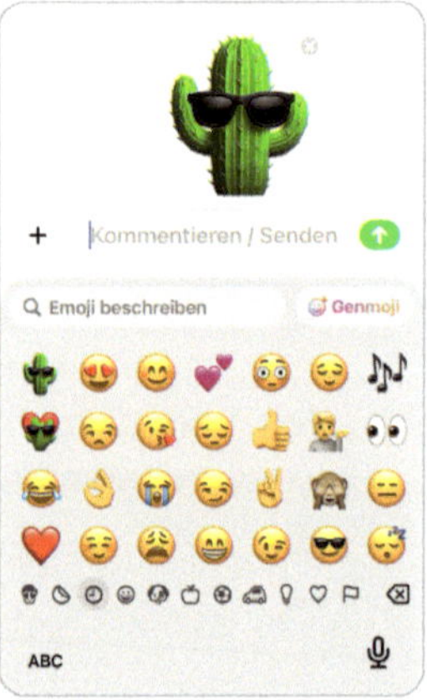

Wenn Sie Lust haben, noch kreativer zu werden, können Sie Ihr eigenes Genmoji erstellen. Das ist ein personalisiertes Emoji, das direkt über Ihre Tastatur nutzbar ist. Tippen Sie in der Playground-App bei *Stil* auf *Genmoji* und geben Sie in das Eingabefeld eine kurze Beschreibung ein, z. B. "Kaktus mit Sonnenbrille" (das Vorgehen ist identisch mit dem auf der vorherigen Seite.). Die App erstellt aus Ihren Angaben ein passendes Emoji, das Sie sofort in Nachrichten einfügen und verschicken können. Sie finden das erstellte Genmoji, wenn Sie auf Ihrer Tastatur links unten auf die Sticker-Rubrik tippen.

8 Merken und erinnern

Wenn das Smartphone zum ständigen Begleiter wird, ist es das ideale Medium zum Speichern kurzer Notizen oder Einkaufslisten. Daneben vervollständigen die App Kalender mit der Speicherung von Terminen und die App Uhr die Möglichkeiten.

8.1 Termine im Griff mit der Kalender-App

Tragen Sie Ihre Termine in die App ein und Sie werden keine mehr verpassen.

- Öffnen Sie die *Kalender*-App und tippen Sie auf *Beim Verwenden der App erlauben*, um der App den Zugriff auf Ihren Standort zu gewähren.
- Schon auf dem App-Symbol sehen Sie den aktuellen Tag. Auf dem Tabellenblatt ist dieser hervorgehoben ❶. Durch vertikales Wischen können Sie durch die verschiedenen Monate blättern. Zur Anzeige des aktuellen Datums kehren Sie wieder über *Heute* links unten ❷ zurück.
- Durch Antippen eines Tags mit einem Eintrag wird der Termin oder Feiertag gesondert in der Tagesansicht angezeigt ❸. Tippen Sie oben links auf den Monatsnamen, um die Tagesansicht wieder auszublenden.
- Tippen Sie auf ❹ und wählen Sie dann eine andere Version des Kalenderblatts. Unten erscheinen die Einträge ❺ der angetippten Tage.

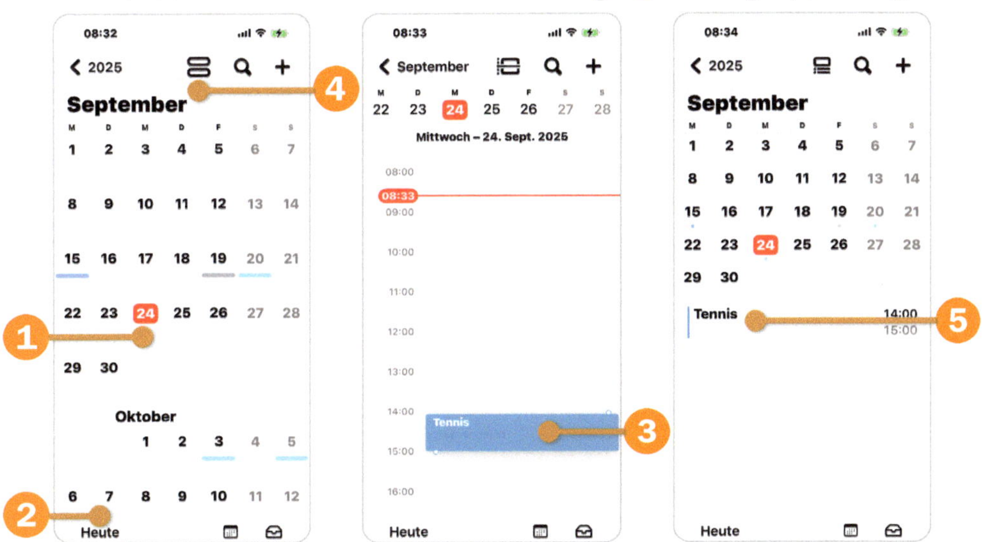

Termin eintragen

- Markieren Sie auf dem Kalenderblatt durch Antippen den Tag ❶ des Termins. Dadurch ersparen Sie sich die händische Eingabe.
- Tippen Sie rechts oben auf **+** und geben Sie bei *Titel* eine Bezeichnung für den Termin ein.
- Kontrollieren Sie nochmals das Datum und tippen Sie dann bei *Beginn* ❷ auf die Uhrzeit. Dadurch wird das Zahlenrad angezeigt und die Uhrzeit kann mit einer horizontaler Bewegung nach oben bzw. unten eingegeben werden ❸. Tippen Sie wieder auf die Uhrzeit bei *Beginn*. Dadurch wird das Zahlenrad wieder ausgeblendet. In der Regel können Sie auf die Eingabe des Terminendes verzichten.
- Wenn Sie an den Termin erinnert werden wollen, tippen Sie auf *Hinweis* ❹ und wählen Sie eine Erinnerungszeit aus, z. B. *10 Minuten vorher*. Manchmal ist es aber auch praktisch, zwei Erinnerungen zu erhalten. Dann tippen Sie auf *2. Hinweis* und wählen beispielsweise *1 Tag vorher* ❺.
- Ebenso können Sie einen *Ort* oder weitere *Notizen* hinterlegen, was aber in der Regel gar nicht notwendig ist. Bestätigen Sie mit *Hinzufügen*.

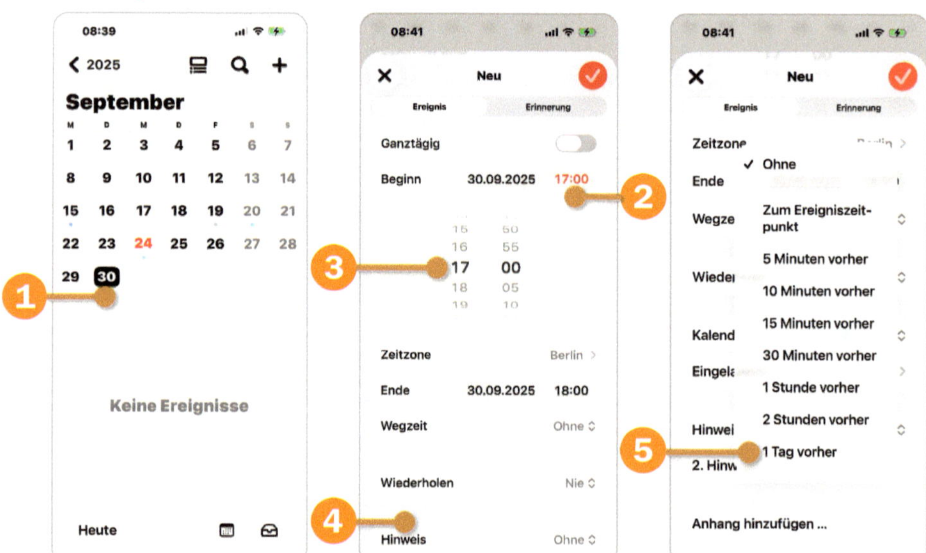

Terminerinnerung: Die Erinnerung an Ihren Termin erscheint am oberen Bildschirmrand ❻ und im Widget *Erinnerungen* auf Ihrem Startbildschirm. Die Benachrichtigung ist natürlich auch in der Mitteilungszentrale hinterlegt. Ist das Smartphone gerade gesperrt, erscheint die Erinnerung auf dem Sperrbildschirm.

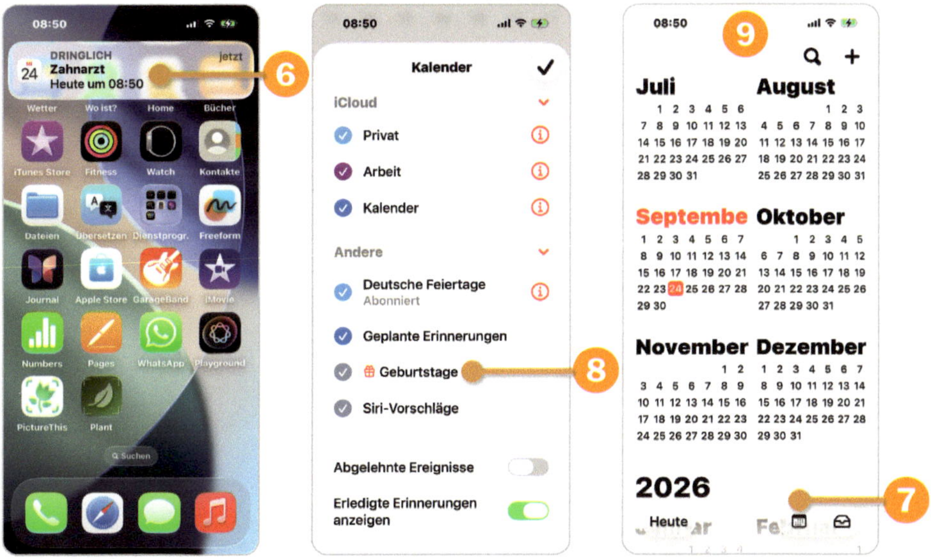

Tipp Geburtstage und Feiertage: Geburtstage tragen Sie in den Kalender nicht als Termin ein, hinterlegen Sie sie lieber in der App Kontakte bei der jeweiligen Person. Diese werden dann via iCloud mit dem Kalender synchronisiert und dort angezeigt. Sollten keine Geburtstage im Kalender angezeigt werden, überprüfen Sie die Optionen. Tippen Sie im Kalender unten auf 📅 ❼ und aktivieren Sie die Anzeige der Geburtstage durch Antippen von *Geburtstage* ❽. Gleiches gilt für die Feiertage. Sollten diese im Kalender nicht angezeigt werden, können Sie ebenfalls hier aktiviert werden.

Datumsnavigator: Tippen Sie oben links auf den Monat, dann wird eine Jahresansicht angezeigt ❾, mit dem Sie leicht größere Zeiträume überspringen können und nicht durch zahlreiches Wischen erst den gewünschten Monat erreichen.

Termine bearbeiten oder löschen

Natürlich können Sie Termine bearbeiten, wenn sich beispielsweise die Zeit verändert hat oder der Termin verschoben werden muss.

- Tippen Sie einmal auf den Termin auf dem Kalenderblatt und dann nochmals in der Terminübersicht. Dann befinden Sie sich wieder in der Bearbeitungsansicht. Wählen Sie rechts oben *Bearbeiten* ❶.
- **Termin verschieben:** Tippen Sie auf *Beginn* ❷ und dann daneben auf das Datum ❸. Ein Kalenderblatt wird angezeigt, auf dem Sie durch Antippen ein neues Datum auswählen können ❹.
- Bestätigen Sie rechts oben mit ✓ ❺.

Manchmal fällt ein Termin ins Wasser – löschen Sie ihn einfach!

- Zeigen Sie den Termin in der Bearbeitungsansicht an und tippen Sie unten rechts auf *Ereignis löschen* ❻. Bestätigen Sie nochmals mit *Ereignis löschen*.

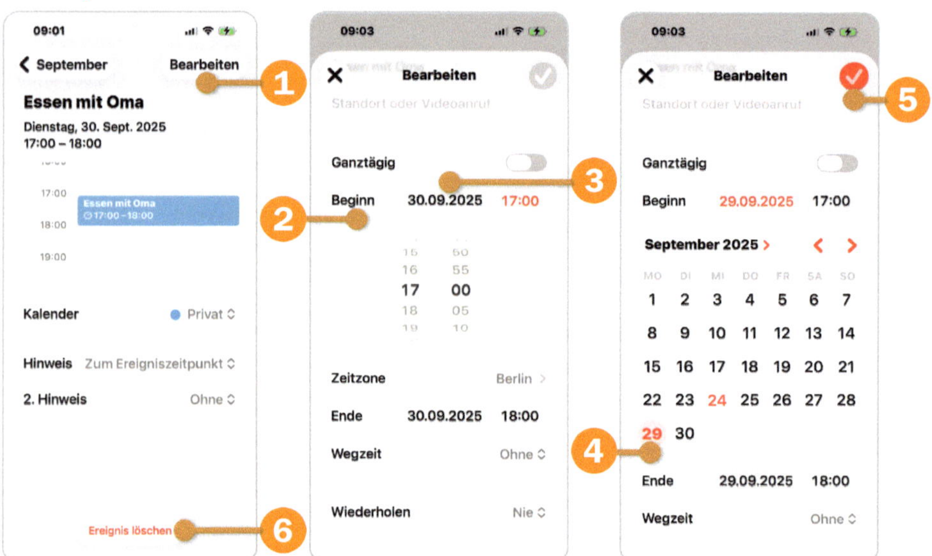

8.2 Die App Uhr

Vom Smartphone geweckt werden

- Öffnen Sie die App *Uhr*. Nach dem Öffnen wird der Bereich *Weltuhr* angezeigt. Weitere Funktionen finden Sie in den Bereichen *Wecker*, *Stoppuhr* und *Timer*. Tippen Sie auf *Wecker* ❶ (Abb. nächste Seite).

Wecker stellen

In der App ist bereits eine Weckzeit voreingestellt. Mit diesen Vorgaben klingelt der Wecker um 6 Uhr morgens, sobald die Weckzeit aktiviert ist.

- **Wecker ein- und ausschalten:** Sie aktivieren einen Wecker, indem Sie den Regler nach rechts auf die Position *Ein* ❷ ziehen. Durch Ziehen nach links schalten Sie den Wecker aus ❸.
- **Wecker bearbeiten:** Tippen Sie den voreingestellten Wecker ❹ an, um ihn zu bearbeiten.
- **Neuen Weckeintrag erstellen:** Tippen Sie rechts oben auf ⊕ ❺.

- **Weckzeit vereinbaren:** Verschieben Sie die Rädchen der Stunde ❻ und der Minuten, indem Sie mit dem Finger nach oben und unten wischen.
- **Tage auswählen:** Sie können nicht nur die Weckzeit festlegen, sondern auch die Tage, an denen der Wecker ertönen soll, z. B. *An Wochentagen* ❼. Tippen Sie auf *Wiederholen* ❽ und wählen Sie Tage mit einem Häkchen aus, an denen der Wecker ertönen soll. Falls Sie einen Tag versehentlich ausgewählt haben, tippen Sie erneut auf diesen.

> Wenn Sie keinen Tag auswählen, klingelt der Wecker zum eingestellten Zeitpunkt und ist dann ausgeschaltet. Bei der Auswahl von Tagen bleibt der Wecker aktiv, um Sie am nächsten Tag, der ausgewählt wurde, erneut zu wecken.

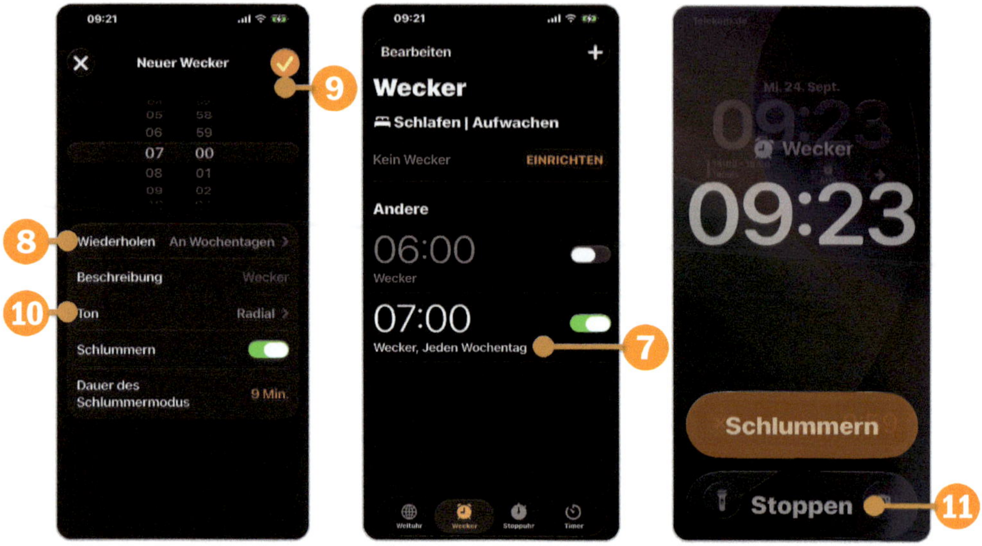

- Im unteren Bereich können Sie die Funktion *Schlummern* sowie die *Dauer des Schlummermodus* einstellen – also festlegen, ob und wann der Wecker erneut klingeln soll (zur Auswahl stehen 1 bis 15 Minuten).
- Tippen Sie abschließend rechts oben auf ✓ 9.

Weckton einstellen

Manche mögen es ruhig, andere auf die harte Tour - Sie können also nach Belieben einen Weckton einstellen. Sie müssen das nur einmal für eine Weckzeit festlegen, für die weiteren wird das dann übernommen.

- Tippen Sie auf *Ton* 10. Im Bereich *Klingeltöne* sehen Sie eine Liste mit zahlreichen Tönen. Wählen Sie einen Weckton aus. Der Weckton ist damit automatisch gespeichert. Tippen Sie einfach links oben auf *<Zurück*.

Schlummern oder aufstehen?

Wenn der Wecker klingelt, tippen Sie auf *Stoppen* 11, dann ist Ruhe! Oder Sie wählen *Schlummern* und der Wecker klingelt nach zehn Minuten erneut.

> Sie erkennen am Uhrensymbol im Kontrollzentrum (wischen Sie vom rechten oberen Bildschirmrand nach unten), dass ein Wecker an Ihrem Smartphone eingeschaltet ist.

Wecker löschen

Um einen Wecker zu löschen, tippen Sie diesen in der Übersicht mit dem Finger an und wischen Sie ihn nach links. Dadurch erscheint das Symbol 🗑.

Das Smartphone als Eieruhr

Das Vier-Minuten-Ei rechtzeitig aus dem Topf holen oder die Backzeit für den Kuchen einstellen - auch das bietet die App Uhr.

- Wählen Sie den Bereich *Timer* ❶.
- Stellen Sie durch Ziehen mit dem Finger die Zeit ein, nach deren Ablauf das Smartphone klingeln soll, und tippen Sie dann auf *Start* ❷.

- Während der Timer nach unten zählt, können Sie jederzeit pausieren ❸ oder abbrechen, indem Sie den Timer nach links wischen.
- Sie können auch mehrere Timer gleichzeitig einstellen. Tippen Sie dazu einfach auf ⊕ ❹. Um den Überblick zu behalten, können Sie jedem laufenden Timer einen Namen geben, tippen Sie dazu auf *Beschreibung* ❺.
- Nach Ablauf des Timers ertönt ein Signal. Um dieses auszuschalten, wischen Sie die Einblendung nach oben ❻ oder tippen auf ⊗.

8.3 Einkaufslisten und andere Notizen

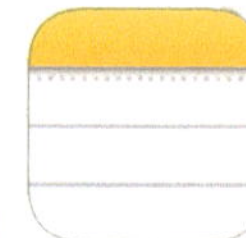

Es gibt eine Vielzahl toller Apps, mit denen Sie Notizen erstellen, aufwendig bearbeiten, mit anderen Personen teilen und sowohl am Smartphone als auch am Laptop betrachten können. Wer hier tiefer einsteigen möchte, dem sei Microsoft OneNote empfohlen.

Für den Einstieg und das bloße Anlegen von einfachen Listen verwenden wir die App *Notizen*.

Notiz erstellen

- Öffnen Sie die App *Notizen* und tippen Sie auf ❶, um eine neue Notiz zu erstellen.
- Zu einer neuen Liste müssen Sie eine Überschrift ❷ hinzufügen. Tippen Sie dann auf Ihrer Tastatur auf das Symbol für die *Zeilenschaltung* ⏎ ❸, nun können Sie Ihren eigentlichen Notizentext über die Tastatur ❹ eintippen oder über das Mikrofon diktieren.

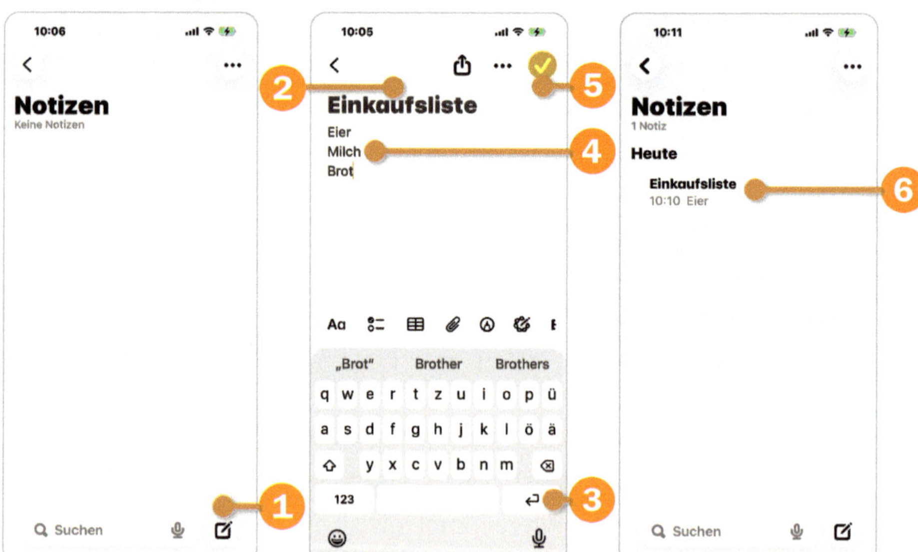

- Tippen Sie rechts oben auf ✓ ❺ und dann links oben auf <. Die Notiz wird damit standardmäßig automatisch gespeichert. Die Einträge sind nach dem Änderungsdatum sortiert ❻.

Notiz betrachten, bearbeiten und löschen

- **Inhalt einer Notiz betrachten:** Tippen Sie die Notiz in der Übersicht ❶ an. Der Inhalt der Notiz wird angezeigt.
- **Notiz bearbeiten:** Zur Ergänzung einer bestehenden Notiz zeigen Sie deren Inhalt an und tippen dann auf den Inhalt der Notiz ❷.
- Um eine Liste am Ende weiterzuführen, tippen Sie hinter das letzte Wort. Um in einer neuen Zeile zu beginnen, wählen Sie ↵ auf der Tastatur.
- Mit < ❸ links oben kehren Sie wieder zur Übersicht zurück.

Notiz löschen: Tippen Sie in der Übersicht länger mit dem Finger auf die zu löschende Notiz. Diese wird dadurch hervorgehoben und es öffnet sich ein Untermenü. Wählen Sie hier unten *Löschen* ❹ aus.

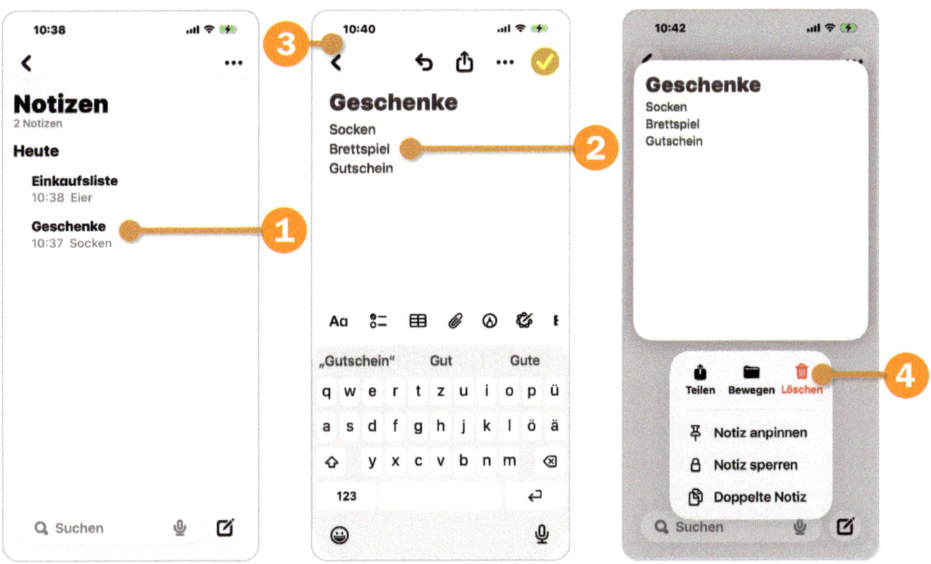

Notiz zu einem Foto erstellen

- Zeigen Sie das Foto in der Einzelbildansicht der App *Fotos* an.
- Tippen Sie auf das Teilen-Symbol ❶. Falls es nicht angezeigt wird, tippen Sie auf das Foto.

- Wählen Sie *Notizen* ❷ aus. Das Foto wird in die App Notizen eingefügt und Sie können einen Text hinzufügen.
- Zum Abschluss speichern Sie die neue Notiz über *Sichern* ❸.

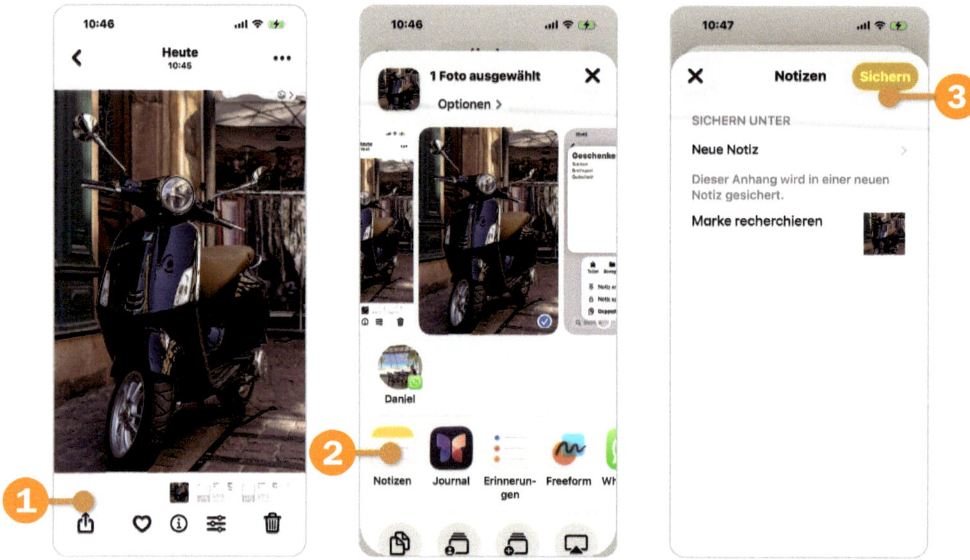

Screenshot erstellen

Ein Screenshot ist ein Foto von Ihrem Bildschirm. Diese Funktion ist praktisch, wenn Sie eine Frage zu einer App haben oder eine Meldung nicht verstehen. Dann machen Sie einfach einen Screenshot. Diesen können Sie, wie ein Foto, an jemanden in Ihrem Familien- oder Bekanntenkreis senden, der vielleicht eine Antwort weiß.

Das nächste nützliche Einsatzgebiet ist, wenn Sie Informationen behalten wollen, die Sie beispielsweise im Netz gefunden haben, etwa ein Rezept. Machen Sie einfach einen Screenshot. Natürlich stellt auch der Browser eine Merkfunktion zur Verfügung, aber der Screenshot ist so einfach und schnell!

- Um einen Screenshot von Ihrem Bildschirminhalt (im Beispiel ein Rezept auf einer Webseite) zu erstellen, tippen Sie gleichzeitig und kurz auf die Lautstärke-lauter-Taste und die Seitentaste.
- Sie sehen, dass es funktioniert hat, wenn unten links auf dem Bildschirm kleinformatig der Screenshot ❶ erscheint.

- Wenn der Screenshot im Vollbild erscheint statt unten links als Miniatur, lässt sich das einfach in den iPhone-*Einstellungen* anpassen. Wählen Sie darin den Punkt *Allgemein*, dann *Bildschirmfoto* und deaktivieren Sie den Schalter bei *Vorschauen im Vollbildmodus*.
- Nach Aufnahme des ersten Screenshots wird in der App *Fotos* im Bereich *Medienarten* ❷ ein neues Album mit dem Namen *Bildschirmfotos* ❸ erstellt.

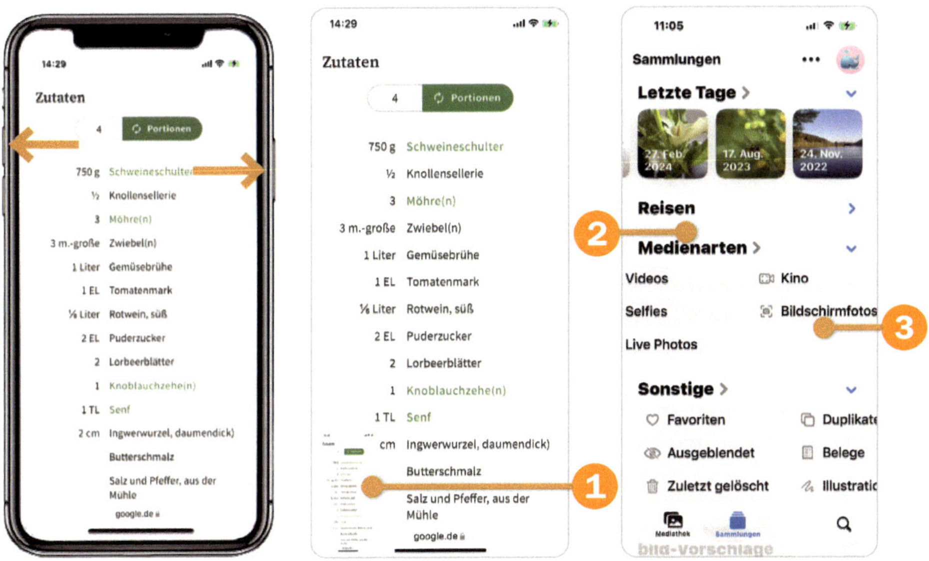

Tipp zur Screenshot-Bildersuche: Tippen Sie unten links auf die Miniaturansicht des Screenshots. Markieren Sie anschließend den gewünschten Bereich einfach mit dem Finger – zum Beispiel durch Einkreisen oder Antippen. Ziehen Sie danach die Ergebnisleiste von Google nach oben, um relevante Informationen, ähnliche Bilder oder passende Produkte zu sehen.

Wenn Sie ein iPhone mit Home-Button verwenden, erstellen Sie einen Screenshot durch gemeinsames Drücken der Home-Taste und der Seitentaste.

9 Gesucht & Gefunden

Das Internet hält eine Vielzahl an nützlichen Informationen, lustigen Videos, Einkaufsmöglichkeiten u. v. m. bereit. Dieses Kapitel beschäftigt sich mit den Möglichkeiten der App *Safari*, die bereits vorinstalliert ist.

Viele Suchen enden bei YouTube, einem Portal mit Videos zu Musik, Spielen, Informationen und zu Ausschnitten von Filmen, Sport und Anleitungen zu allen möglichen Themen. Auch diesem wollen wir uns widmen.

9.1 Im Internet mit Safari surfen

Die App *Safari* ist der Browser von Apple. Verwenden Sie diese App, um das Internet zu durchsuchen.

- Tippen Sie auf die App *Safari*.
- Geben Sie unten in der Suchleiste ❶ einen Suchbegriff ein, z. B. Wanderwege Bayrischer Wald. Schon nach Eingabe der ersten Buchstaben erscheinen Suchvorschläge ❷ zu Ihrem Begriff. Wählen Sie einen aus. Oder schreiben Sie das Wort/die Wörter aus und tippen anschließend auf Ihrer Tastatur auf → ❸.

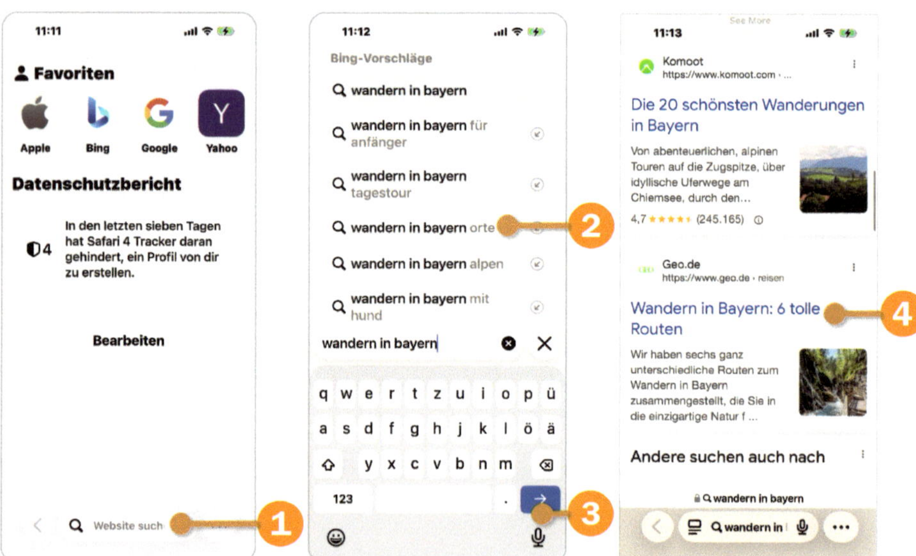

- Sie erhalten nun eine Trefferliste mit einer Vielzahl an Webseiten zu Ihrer Suche. Wählen Sie eine Webseite durch Antippen der blauen Seitenbezeichnung ❹ aus. Sie werden nun zu dieser Webseite weitergeleitet. Bevor Sie den Artikel lesen können, müssen Sie beim ersten Besuch der Seite die Cookies akzeptieren ❺.

> Cookies sind Textinformationen, die an den Betreiber der besuchten Webseite gesendet werden. Sie enthalten unter anderem die Identifizierung des Surfers und das Speichern bestimmter Dienste, z. B. Anmeldedaten, Warenkörbe etc. Grundsätzlich sind Cookies nicht gefährlich, wenngleich sie das Surfverhalten des Internetnutzers analysieren und daraufhin beispielsweise passende Werbungen generieren.

- Wollen Sie wieder zur Auflistung Ihrer Suchergebnisse zurückkehren, tippen Sie unten auf der Navigationsleiste auf < ❻. Falls diese nicht angezeigt wird, streichen Sie von oben nach unten über den Bildschirm. Durch vertikales Wischen über die Trefferliste bzw. über den Webseiteninhalt zeigen Sie weitere Informationen an.
- Wenn Sie eine neue Suche starten wollen, tippen Sie auf der Navigationsleiste auf ··· ❼ und dann auf *Alle Tabs*. Ihnen werden dann alle Tabs angezeigt, die Sie geöffnet haben. Tippen Sie auf + ❽ und geben Sie erneut einen Suchbegriff in die Leiste ein.
- Um einzelne Tabs zu löschen, tippen Sie auf *Alle Tabs* und dann auf *x* ❾.

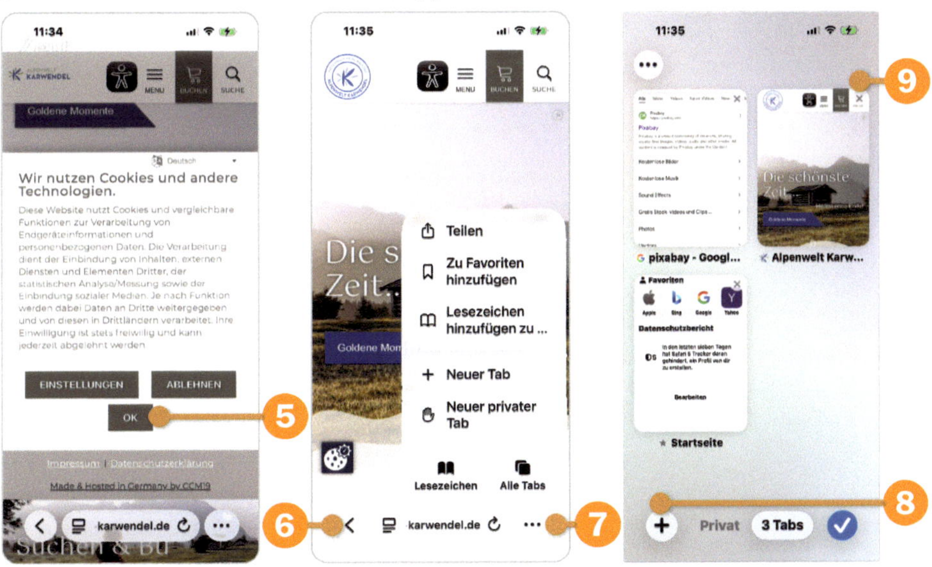

9.2 Die Fotos-App erkennt Sehenswürdigkeiten

Kennen Sie das? Sie sind im Urlaub auf Erkundungstour und haben viele Fotos geknipst. Jetzt würden Sie gerne mehr über Ihre Bildmotive erfahren? Name, Baujahr und weiteres Wissenswerte? Nutzen Sie doch einfach die App Fotos und lassen Sie sich von iOS die Welt erklären. Denn dieses Feature eignet sich nicht nur für Sehenswürdigkeiten, sondern erkennt auch Kunst, Pflanzen oder Tiere.

- Öffnen Sie die Fotos-App und wählen Sie das Bild aus, zu dem Sie gerne mehr erfahren möchten.
- Tippen Sie auf das i-Symbol ❶. Dieses Symbol verändert die Darstellung, wenn ein entsprechendes Objekt erkannt wird.
- Wählen Sie dann *Nachschlagen* ❷ aus. Anschließend werden Ihnen ausführliche Details aufgeführt – in unserem Beispiel zu Turteltauben. Wischen Sie durch die Liste und tippen Sie den passenden Eintrag ❸ an, um mehr darüber im Internet zu erfahren.

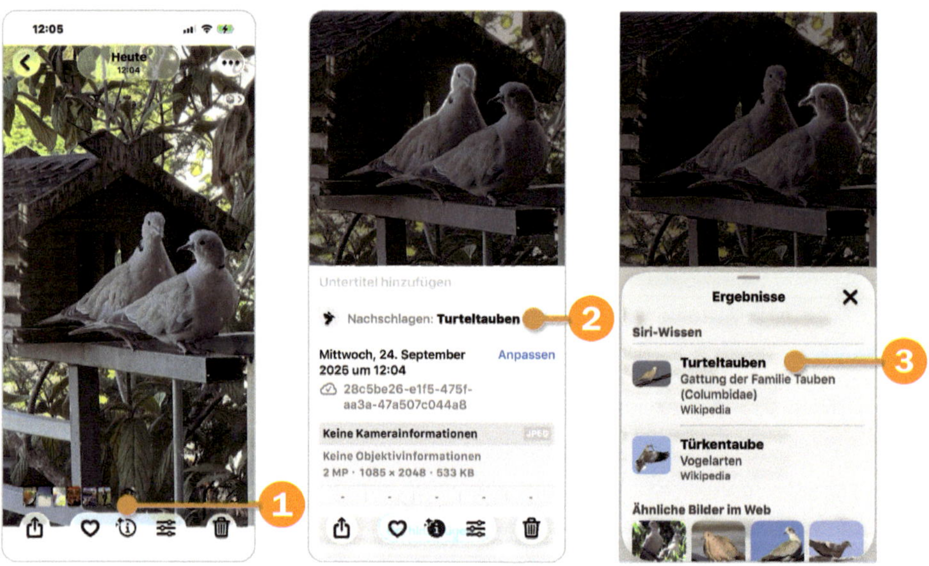

9.3 YouTube - das Videoportal

YouTube enthält alle Arten von Videos - sowohl informative als auch unterhaltende. Hier finden Sie Musikvideos, Tutorials (Anleitungen) zu allen möglichen Themen, Ausschnitte aus TV-Sendungen u. v. a. m. Auf YouTube findet keine redaktionelle Prüfung der Inhalte auf Richtigkeit statt und so kann jeder auch seine persönlichen Ansichten der Welt mitteilen. Der Zuschauer muss selbst entscheiden, was er glauben möchte.

YouTube und auch die Personen (YouTuber, Influencer), die dort Videos hochladen, finanzieren sich durch Werbeeinblendungen. Aus diesem Grund sehen Sie am Anfang eines Videos und zum Teil auch als Videounterbrechung, Werbefilme. Das ist der Preis für das sonst kostenlose Angebot.

Die App müssen Sie aus dem App Store herunterladen. Wie das geht, haben Sie bereits auf Seite 86 erfahren.

- Öffnen Sie die App *YouTube* ❶.
- Da es ziemlich nervig sein kann, ständig Benachrichtigungen von YouTube zu erhalten, tippen Sie bei *„YouTube" möchte dir Mitteilungen senden* auf *Nicht erlauben* ❷.
- Eine Registrierung ist nicht notwendig, wählen Sie daher *YouTube ohne Anmeldung verwenden* ❸ aus. Scrollen Sie im Anschluss nach unten und tippen Sie bei der Cookies-Abfrage auf *Alle Ablehnen*.

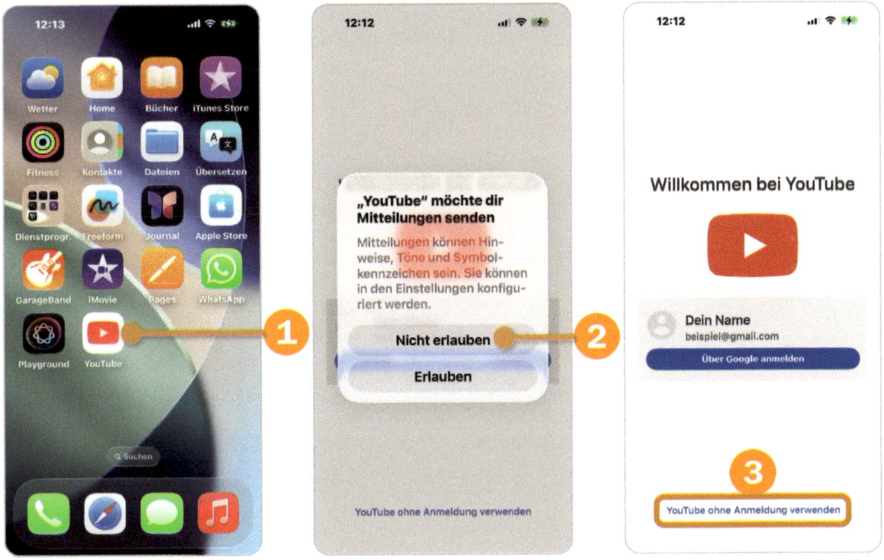

YouTube Premium: Während der Nutzung von YouTube wird Ihnen hin und wieder YouTube Premium angeboten. Dieses Angebot kostet nach Ablauf des Testzeitraums 11,99 € im Monat. Dafür wird neben weiterer Vorteile keine Werbung mehr eingeblendet. Tippen Sie auf das *x* oder auf *Schließen*, um auf dieses Angebot zu verzichten.

YouTube-Video abspielen

- In den Rubriken *Startseite* ❹ (füllt sich allmählich mit Video-Vorschlägen, je mehr Videos Sie auswählen und anschauen) und *Entdecken* ❺ (ist in verschiedene Bereiche gegliedert) sind zahlreiche Videos aufgelistet. Wischen Sie mit dem Finger nach oben und stöbern Sie in den Listen.
- Wenn Ihnen ein Video zusagt, tippen Sie darauf. Das Video wird sofort gestartet. Vor vielen Videos wird zunächst Werbung eingeblendet. Diese können Sie in der Regel nach fünf Sekunden einfach mit einem Tipp auf *Werbung überspringen* ❻ beenden.
- Falls das ausgewählte Video keinen Ton hat, kontrollieren Sie die Lautstärke durch Drücken der Lautstärketaste rechts am Handy. Dadurch wird links die Lautstärkeleiste eingeblendet. Allerdings ist auch nicht jedes YouTube-Video mit Ton hinterlegt.
- Wenn Sie das Video pausieren wollen, tippen Sie auf das Videobild und anschließend auf ⏸ ❼. Wieder starten können Sie das Video mit ▶.

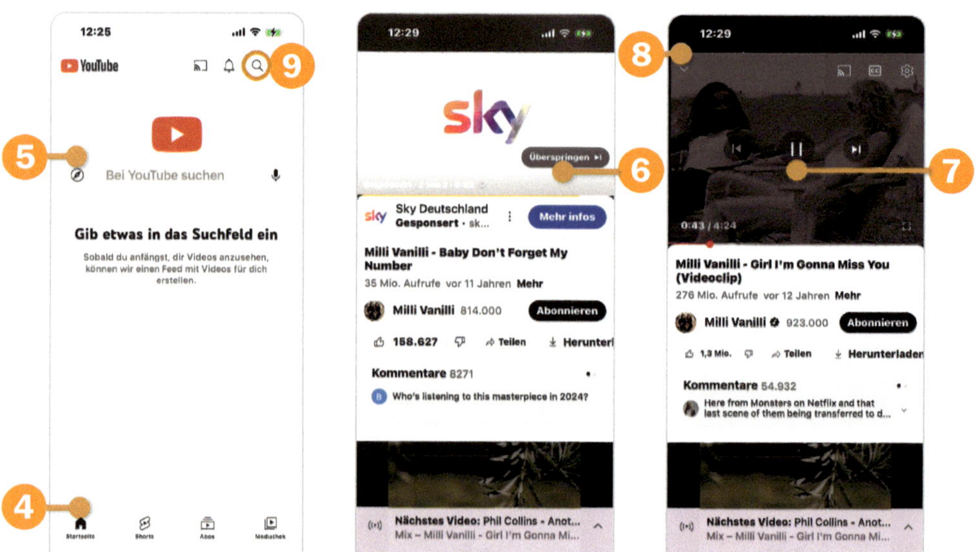

Wenn Sie die YouTube-App schließen, wird auch das Video beendet. Sie können also beispielsweise keine Musik hören und zeitgleich in anderen Apps aktiv sein. Das ist nur mit dem kostenpflichtigen Premium-Konto möglich.

Wenn Sie weiterstöbern wollen, tippen Sie auf ⑧. Das Video wird nicht beendet, sondern im unteren Bereich eingeblendet. Jetzt können Sie ein neues Video auswählen. Um das aktuelle Video zu schließen, tippen Sie auf *x*.

Video suchen

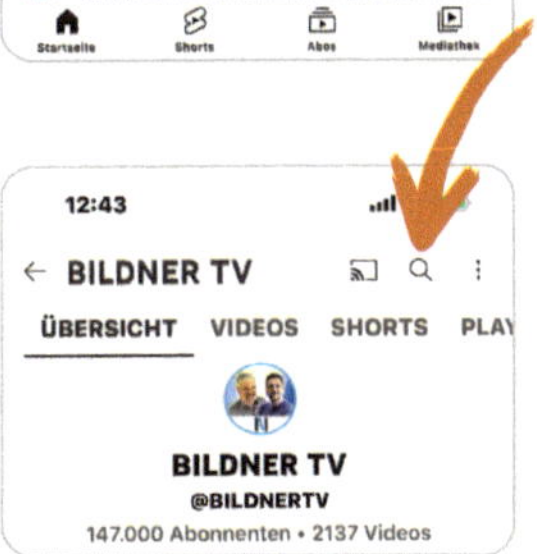

Verwenden Sie die Suchleiste, indem Sie rechts oben auf die Lupe ⑨ (siehe vorige Seite) tippen. Geben Sie Ihren Suchbegriff ein und wählen Sie entweder aus den Vorschlägen aus oder tippen Sie auf Ihrer Tastatur auf *Suchen* rechts unten.

Übrigens: Schauen Sie doch einmal auf unserem YouTube-Kanal vorbei! Einfach in die Suchleiste BILDNER.TV eingeben. Hier gibt es viele Themen und Tipps zum digitalen Leben.

Videos im Querformat: Damit das Video den gesamten Bildschirm ausfüllt, drehen Sie das Smartphone einfach ins Querformat. Das Video wechselt dadurch automatisch in den Vollbildmodus. Wenn Sie das Handy wieder im Hochformat halten, rutscht das Video automatisch ins obere Drittel des Displays zurück.

Der Bildschirm dreht nicht: Sollte sich der Bildschirm nicht automatisch drehen, gehen Sie so vor: Öffnen Sie das Kontrollzentrum, indem Sie vom rechten oberen Bildschirmrand nach unten wischen. Suchen Sie das Symbol für die Ausrichtungssperre. Ist das Symbol rot, ist die Ausrichtungssperre aktiviert. Wenn Sie darauf tippen, deaktivieren Sie die Sperre und der Bildschirm dreht sich wieder.

Bildschirm dreht nicht

Bildschirm dreht

Alles zum Thema Lautstärke

An der rechten Seite des iPhones befinden sich die Lautstärketasten - drücken Sie oben, erhöht sich die Lautstärke, unten wird sie verringert. Gleichzeitig wird auf dem Bildschirm die Lautstärkeleiste angezeigt. Die Lautstärke können Sie nicht nur über die Lautstärketasten regeln, sondern auch im Kontrollzentrum ❶.

Es gibt drei unterschiedliche Tonmodi - *Ton*, *Vibrieren* und *Stummmodus*. Wenn Sie das Smartphone auf stumm stellen wollen, betätigen Sie den Kippschalter auf der linken Seite des Geräts (je nach Modell müssen Sie die Aktionstaste auf der linken Seite etwas länger drücken). Auf dem Bildschirm erscheint die Meldung *Ton aus* ❷. Dann hören Sie keinen Anruf- oder Benachrichtigungston mehr. Wichtig zu wissen ist, dass ein eingestellter Alarm trotzdem ertönt. Auch ein Video, das Sie in YouTube betrachten, wird nicht lautlos abgespielt. Hier müssen Sie die Lautstärke über die Taste auf der linken Seite Ihres Smartphones oder über das Kontrollzentrum verringern.

Die Vibrationsoptionen regeln Sie über die *Einstellungen*. Tippen Sie auf *Töne & Haptik* und dann auf *Klingelton*. Wählen Sie ganz oben bei *Haptik* aus, wie das Smartphone vibrieren soll, während ein Klingelton ertönt oder es auf lautlos gestellt ist. Versehen Sie eine Vibrationsart mit einem Häkchen ❸ und bestätigen Sie die Auswahl, indem Sie links oben auf < tippen. Wenn Sie keine Vibration wünschen, wählen Sie ganz unten *Keine* ❹.

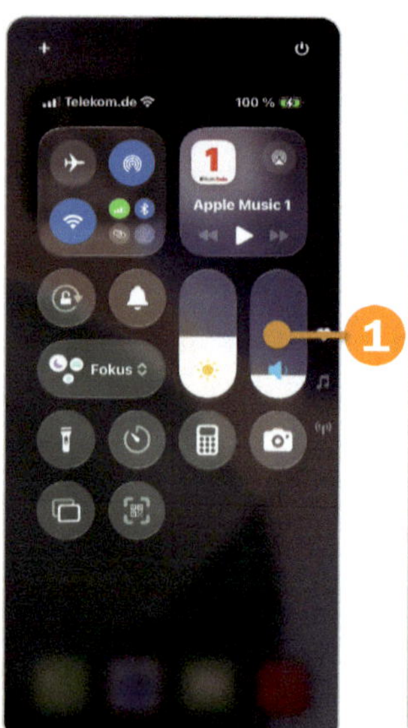

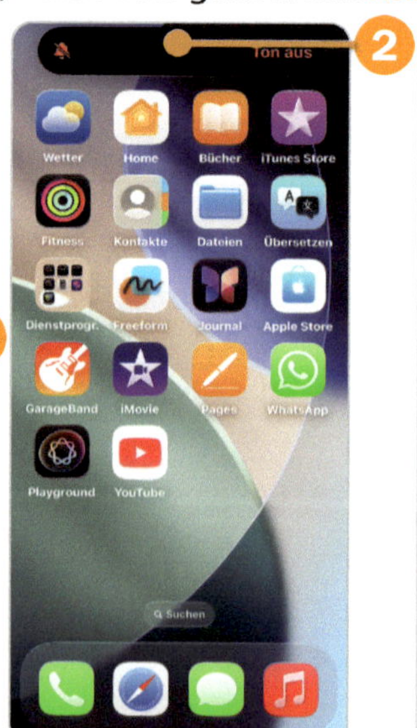

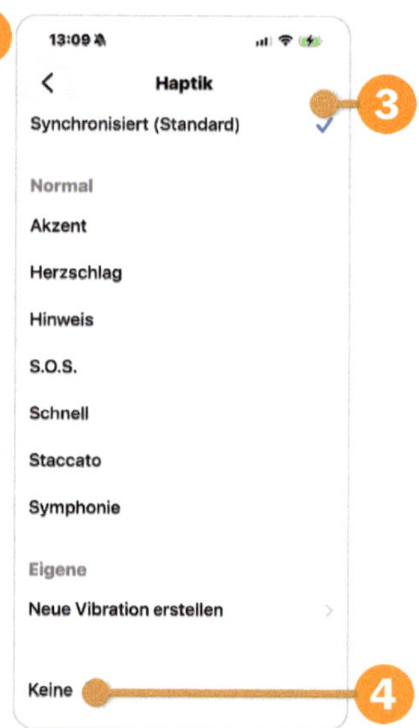

10 Verbindungen herstellen

Das iPhone kann via USB-Kabel mit einem Computer verbunden werden, über eine Netzwerkverbindung mit einem WLAN-Router oder auch über Bluetooth-Kopplung mit Geräten, wie z. B. Freisprechanlage im Auto, Bluetooth-Kopfhörer oder Musiklautsprecher.

10.1 Fotos auf den Computer übertragen

Fotos oder Videos können vom iPhone auf den Computer kopiert werden. Das kann praktisch sein, wenn Sie beispielsweise die Bilder am PC bearbeiten möchten. Wer nicht die iCloud nutzen möchte, kann natürlich auch Fotos oder Videos auf den Computer zusätzlich sichern.

1. Verbinden Sie das Smartphone mit dem mitgelieferten Kabel über den USB-Port mit Ihrem Computer. Entsperren Sie Ihr iPhone.
2. Auf dem PC erscheint unten rechts eine Meldung zur automatischen Wiedergabe ❶. Klicken Sie darauf, um auszuwählen, was passieren soll, wenn Sie das Smartphone verbinden.
3. Wählen Sie *Fotos und Videos importieren* ❷. Damit werden Fotos und Videos in den Ordner *Bilder* auf Ihrem Computer übertragen.
4. Gleichzeitig müssen Sie am Smartphone den Zugriff zulassen. Tippen Sie auf *Erlauben* ❸.
5. Nun haben Sie die Möglichkeit, am Computer entweder *Alle auswählen* ❹ zu importieren oder die gewünschten Bilder mit der Maus anzuklicken, sodass Sie einen Haken erhalten.
6. Klicken Sie dann auf *...hinzufügen* ❺.

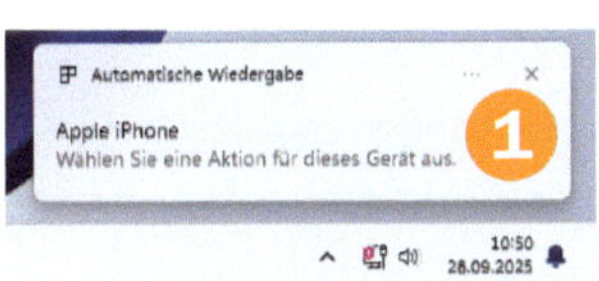

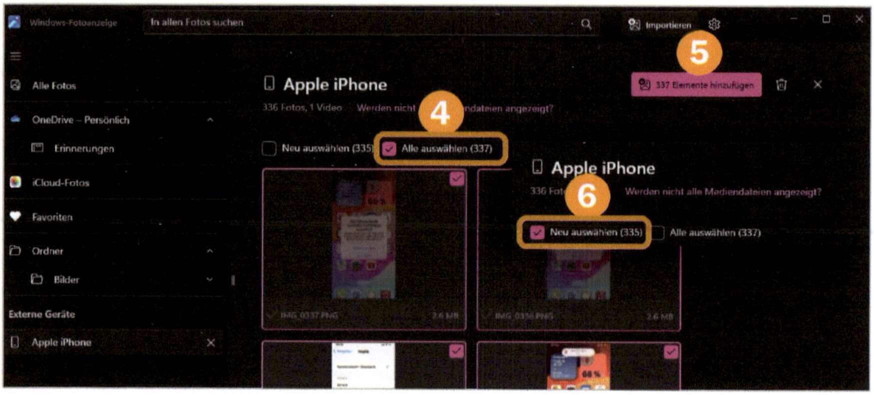

Wenn Sie das Smartphone das nächste Mal mit dem PC verbinden, wird sofort das Importfenster angezeigt. Auch jetzt muss das Smartphone wieder entsperrt sein. Sie müssen aber nicht mehr den Zugriff erlauben. Beim nächsten Import von Fotos möchten Sie ja sicher nicht wieder alle Bilder übertragen. Wählen Sie deshalb die Bilder entweder durch Anklicken aus oder entscheiden Sie sich für die Option *Neu auswählen* ⑥.

Wenn Sie das iPhone über den USB-Port mit dem PC verbinden, können Sie Ihre geknipsten Bilder auch über den Datei-Explorer betrachten. Öffnen Sie am PC den Datei-Explorer und klicken Sie links im Navigationsbereich unter *Dieser PC* auf *Apple iPhone*. Dadurch wird der interne Speicher des Handys rechts angezeigt. Klicken Sie diesen doppelt an, um dessen Inhalt anzuzeigen. Hier werden mehrere Ordner mit Fotos nach Datum sortiert aufgelistet. Diese Bilder können Sie öffnen und anschließend auf dem PC speichern.

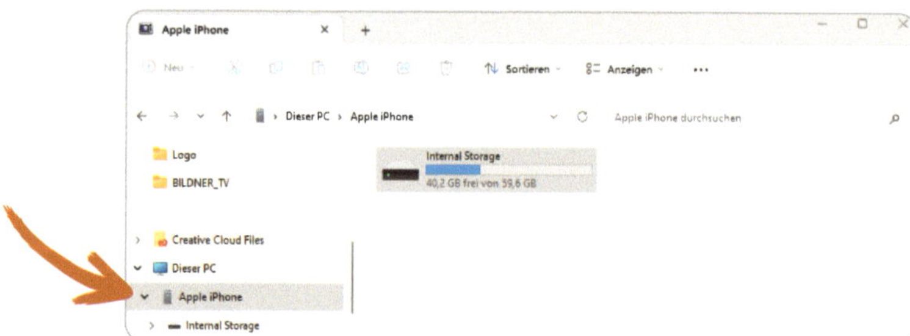

Wenn Sie einen Mac (Apple-Computer) und keinen PC verwenden, unterscheidet sich die Vorgehensweise und die Übertragung von Fotos kann nicht gemäß dieser Anleitung erfolgen.

10.2 Smartphone mit einem WLAN verbinden

Bei Freunden, im Hotel, im Ferienhaus oder unterwegs in öffentlichen Hotspots können Sie sich mit dem vorhandenen WLAN verbinden.

Achtung! In Hotels oder Ferienwohnungen muss das angebotene WLAN nicht immer kostenlos zur Verfügung stehen. Erkundigen Sie sich, bevor Sie sich verbinden. Öffentliche WLAN-Verbindungen, wie z. B. in Zügen oder Cafés, sind in der Regel unverschlüsselt, d. h. die übertragenen Daten könnten von Dritten mitgelesen oder manipuliert werden. Aus diesem Grund sollten Sie beispielsweise in einem öffentlichen Netz (Hotspot) kein Online-Banking erledigen.

- Tippen Sie auf *Einstellungen* und wählen Sie *WLAN* ❶ aus. Das WLAN muss eingeschaltet sein. Es erscheint eine Liste aller verfügbaren Netzwerke in der Umgebung.
- Tippen Sie das gewünschte WLAN ❷ an und geben Sie das Kennwort ein, welches Sie vom Hotel oder dem Freund erhalten haben. Dann tippen Sie rechts oben auf ✓ ❸.
- In Hotels oder öffentlichen WLAN-Hotspots kann es vorkommen, dass Sie nach dem Verbindungsaufbau noch zusätzlich aufgefordert werden, sich anzumelden. Dazu wird in der Regel eine Webseite in Ihrem Browser geöffnet, in die Sie z. B. Ihre E-Mail-Adresse und weitere Informationen eingeben und ggf. die AGBs akzeptieren müssen.

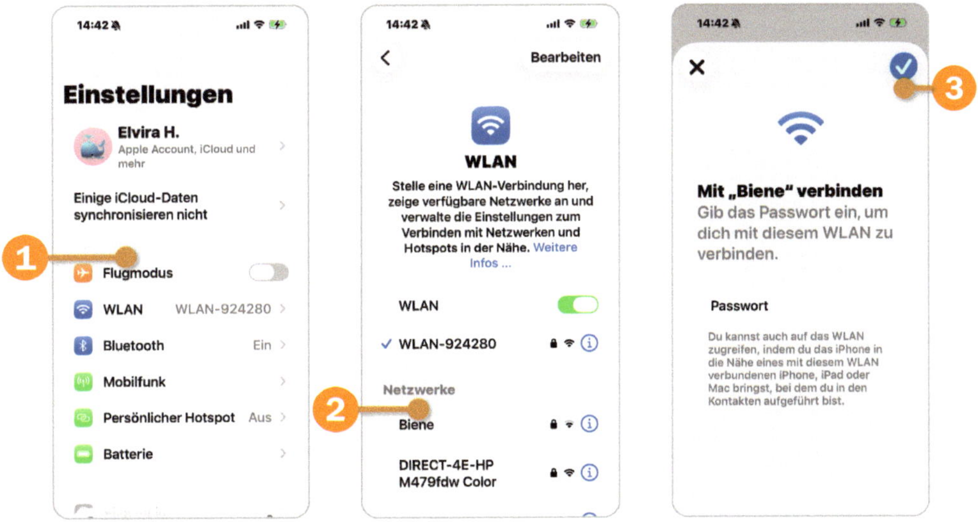

10.3 Zubehör über Bluetooth koppeln

Bluetooth ist eine Methode zur Datenübertragung via Funk zwischen zwei Geräten, die nicht weiter als zehn Meter voneinander entfernt sind. Damit können Sie verschiedene Geräte kabellos miteinander verbinden, beispielsweise Ihr iPhone mit Bluetooth-Kopfhörern oder einem -Lautsprecher, um Musik vom Handy zu übertragen.

So verbinden Sie ein Gerät via Bluetooth:

- Öffnen Sie die iPhone-*Einstellungen* und tippen Sie auf *Bluetooth* ❶.

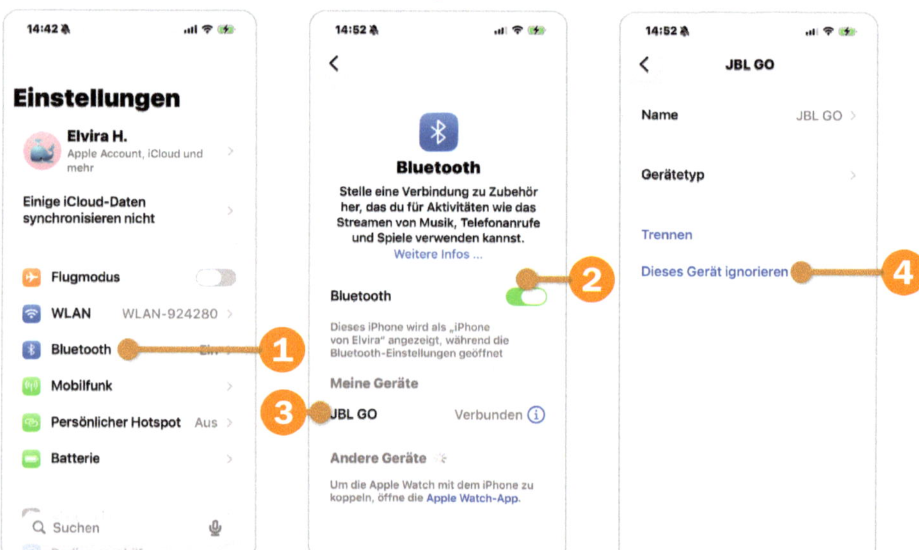

- Schalten Sie Bluetooth ggfs. ein ❷. Es wird nun nach Geräten gesucht, die sich in der Nähe befinden und eine Liste mit verfügbaren Geräten angezeigt. Das Gerät, welches Sie verbinden möchten, muss sich im Kopplungsmodus befinden, d. h. beispielsweise, dass der Bluetooth-Lautsprecher eingeschaltet ist, das Ladeetui der Kopfhörer muss geöffnet sein etc.
- Tippen Sie auf das gewünschte Gerät ❸, um dieses mit Ihrem iPhone zu koppeln.

Grundsätzlich bleiben alle Geräte, die in Verwendung sind, gekoppelt. Sie schalten das Gerät nur ab oder legen die Ohrhörer in das Etui zurück. Beim nächsten Gebrauch des Geräts muss nur Bluetooth aktiviert sein und das Gerät eingeschaltet sein, dann wird es automatisch verbunden.

Gerät entkoppeln: Die Verbindung entkoppeln Sie beispielsweise, wenn das Gerät entsorgt oder verschenkt wird. Dadurch wird es aus der Liste der verfügbaren Geräte entfernt.

Dazu tippen Sie auf ⓘ neben dem Gerätenamen und wählen *Dieses Gerät ignorieren* ❹ und bestätigen nochmals mit *Gerät ignorieren* (Grafik vorige Seite). Mit *Trennen* unterbrechen Sie die Bluetooth-Verbindung zum Gerät. Dieses bleibt aber verfügbar und kann jederzeit wieder verbunden werden.

11 Unterwegs und im Urlaub

11.1 Navigation mit der Karten-App

Die Karten-App ist auf Ihrem Gerät vorinstalliert, kostenlos und absolut ausreichend, wenn Sie den richtigen Weg suchen und ans Ziel kommen wollen. Die App berechnet die beste Route zu Ihrem Wunschziel und achtet dabei sogar auf die aktuelle Verkehrslage.

- Kontrollieren Sie zunächst, ob die Standortfreigabe auf Ihrem Smartphone aktiviert ist, sodass die App *Karten* Ihren aktuellen Standort abrufen kann. Scrollen Sie in den iPhone-*Einstellungen* nach unten zu *Apps*, wählen Sie dann *Karten* aus und tippen Sie auf *Ort*. Wählen Sie *Beim Verwenden der App/von Widgets* aus.
- Schon am Standort-Symbol in der Statusleiste erkennen Sie, ob die App *Karten* die Berechtigung (siehe Seite 85) hat, den Standort auch zu verwenden.

Eine Route festlegen

- Öffnen Sie *Karten*.
- **Ziel auswählen:** Geben Sie in der Suchleiste ❶ die Zieladresse ein. Beginnen Sie mit der Straße, dann Hausnummer gefolgt vom Ort. Tippen Sie auf der Tastatur auf , um den gesuchten Ort auf der Karte anzuzeigen. Meist müssen Sie gar nicht alles eingeben, da Sie in der Trefferliste schon passende Vorschläge erhalten. Tippen Sie diesen dann an.
- **Route bestimmen:** Tippen Sie unterhalb der Adresse auf ❷. Die Karten-App zeigt Ihnen die schnellste Route unter Berücksichtigung der Verkehrslage in dunkelblauer Farbe an. Der Kartenausschnitt beinhaltet mehrere Routen (alternative Routen sind hellblau dargestellt) ❸. Weiter unten sind alle Routen mit Details (Kilometer und Fahrzeit) aufgeführt ❹.
- **Wie bin ich unterwegs?** Zur Bestimmung der besten Route ist natürlich auch wichtig, ob Sie mit dem Auto, dem Fahrrad oder gar zu Fuß unterwegs sind. Zur Auswahl des Verkehrsmittels wählen Sie das passende Symbol aus ❺; das kann selbstverständlich die Streckenführung beeinflussen.

- **Startpunkt manuell festlegen:** Durch die Standortfreigabe ermittelt die Karten-App Ihre aktuelle Position und zeigt die Route beginnend bei Ihrem aktuellen Standort an. Natürlich kann auch ein anderer Startpunkt gewählt werden. Tippen Sie auf *Mein Standort* ❻ und geben Sie bei Start einen anderen Ort ein.
- **Navigation beginnen und beenden:** Mit der Schaltfläche *Los* ❼ beginnen Sie die Navigation, neben der Anzeige am Bildschirm ertönt dann auch eine Stimme, die die Abzweigungen rechtzeitig und mehrfach nennt. Eventuell müssen Sie die Lautstärke am Smartphone anpassen. Wenn Sie die Navigation abbrechen möchten, tippen Sie unten links auf *x*.

Offlinewegbeschreibungen

Bei Verbindungsproblemen und vor allem im Urlaub sind Offlinekarten toll. Damit laden Sie die Wegbeschreibung einfach auf Ihr Smartphone und sind damit unabhängig.

- **Kartenausschnitt herunterladen:** Geben Sie einen Ort ein, für den und dessen Umgebung Sie eine Offlinekarte benötigen. Tippen Sie unten auf das Dreipunkte-Menü ❶ und anschließend auf *Karte laden* ❷.

  Sie können jetzt mit dem Finger den Kartenausschnitt verschieben, um andere Orte einzubeziehen. Außerdem können Sie den angezeigten Bereich etwas kleiner zoomen (Daumen und Zeigefinger auf der Karte aufeinander zu bewegen), um weitere Gebiete in den Download aufzunehmen. Dieser wird dadurch größer. Wie viele Megabyte (MB) heruntergeladen werden, sehen Sie unten. Bestätigen Sie den Download nochmals mit *Laden* ❸.

- Die Offlinekarte wird automatisch verwendet, wenn Sie über keine Internetverbindung verfügen. In diesem Fall erhalten Sie keine Informationen zur Verkehrslage und auch keine zu Fahrrad- oder Fußwegen.

- **Offlinekarte verwalten:** Sie finden die Offlinekarten, wenn Sie in der Karten-App neben dem Suchfeld auf Ihr Profilsymbol ❹ tippen.
- Wählen Sie im Menü *Offline-Karten* ❺ aus.
- Um eine heruntergeladene Karte zu bearbeiten, zu löschen oder anzuschauen, tippen Sie auf den Pfeil ❻ hinter der heruntergeladenen Karte und wählen den entsprechenden Befehl aus. Heruntergeladene Karten sind 365 Tage lang offline verfügbar. Wenn sie aktualisiert werden, beginnt die Frist von Neuem zu laufen.
- Durch Antippen von *Neue Karte laden* und dann *Aktueller Ort* können Sie Ihren derzeitigen Standort herunterladen.

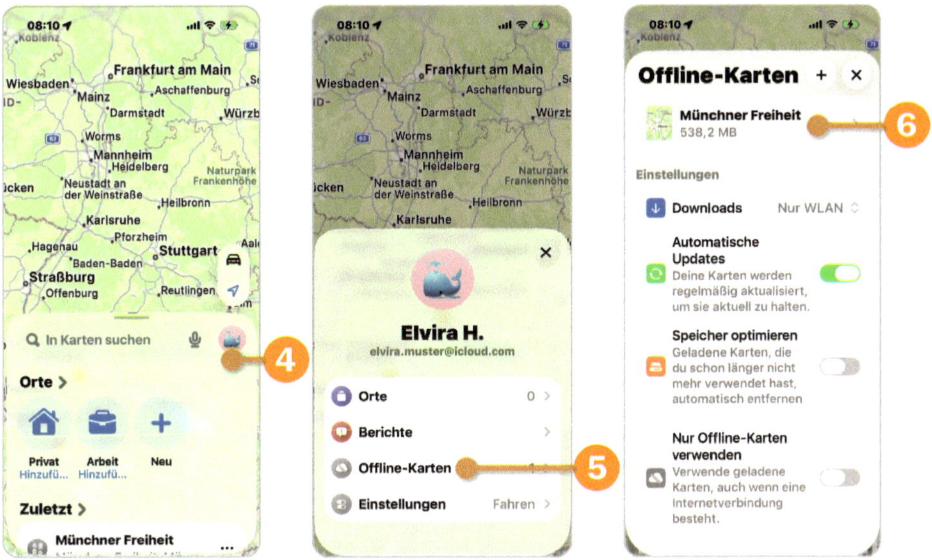

11.2 Mit der Bahn verreisen

Für eine Reiseauskunft muss man nicht immer zum Bahnhof. Sie können die Informationen schnell im Internet nachschlagen. Wer öfter mit der Bahn verreist, kann auch die App der Deutschen Bahn herunterladen.

- Geben Sie in die Suchleiste der Safari-App *www.bahn.de* ein und bestätigen Sie mit der Enter-Taste. Die Webseite wird sogleich geöffnet.
- Auf der Startseite sehen Sie sofort die Reiseeingabefelder (Abfahrts- und Ankunftsort, Datum und Uhrzeit). Geben Sie in die Felder die entsprechenden Details ein ❶.
- Unterhalb Ihrer Eingabe sehen Sie weitere Felder, z. B. wie viele Reisende, Erwachsene oder Kinder, mit oder ohne Bahncard. Tippen Sie darauf und wählen Sie das Passende aus ❷.
- Bestätigen Sie Ihre Eingaben mit *Suchen* ❸.
- Es wird eine Liste mit verschiedenen Abfahrten angezeigt. Tippen Sie auf *Frühere Verbindungen* ❹ oder weiter unten auf *Spätere Verbindungen*, um sich Informationen von vorherigen bzw. kommenden Abfahrten anzeigen zu lassen.

Tipp: Ziehen Sie die Anzeige mit zwei Fingern größer, wie auf Seite 19 beschrieben.

- Wenn Sie auf *Details* ❺ tippen, werden Ihnen weitere Informationen angezeigt. Über *Fahrtinformationen* sehen Sie, wo und wann der Zug auf der Strecke hält.

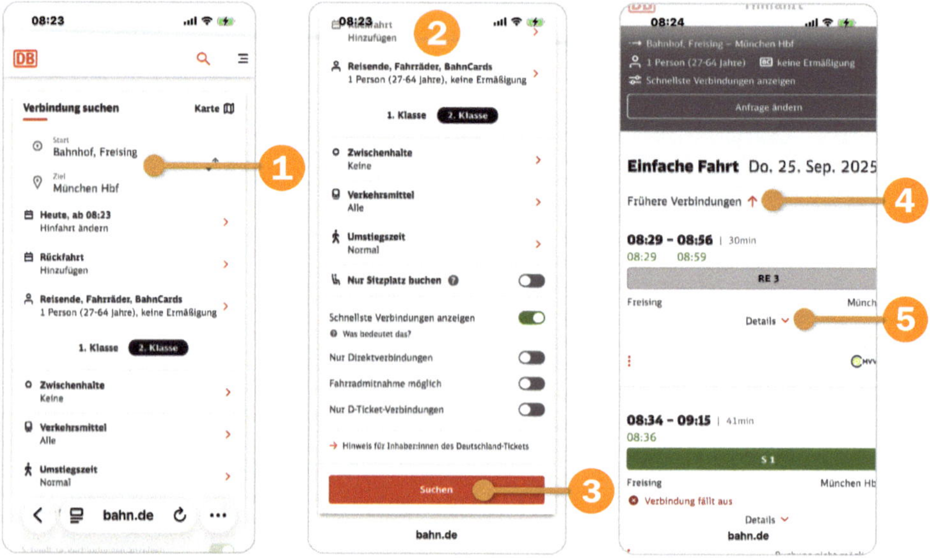

11.3 Das Wetter im Blick haben

Das Widget *Wetter* haben Sie ja bereits kennengelernt und eingerichtet (siehe Seite 74). Wenn Sie dem Wetter-Widget bei der Einrichtung den Zugriff auf den Standort erlaubt haben und die Standorterkennung aktiv ist, dann wird das Urlaubswetter im Widget angezeigt, sobald Sie am Urlaubsort angekommen sind. Sie benötigen dazu natürlich eine Verbindung zu den mobilen Daten bzw. einem WLAN.

Wer dem Widget die Standortfreigabe (möglich über *Einstellungen* ▶ *Apps* ▶ *Wetter* ▶ *Standort* ▶ *Beim Verwenden der App/von Widgets*) nicht erteilt hat oder sich nur gerne über das Wetter an einem anderen Ort informieren möchte, kann dem Widget weitere Orte hinzufügen.

So fügen Sie dem Widget weitere Orte hinzu:

- Öffnen Sie die App durch Antippen des Wetter-Widgets.

- Tippen Sie rechts unten auf ❶ und geben Sie einen Ort in die Suchleiste ❷ ein. Wählen Sie den gewünschten Ort in der Trefferliste aus. Um ihn hinzuzufügen, tippen Sie dann rechts oben auf +.
- Um zwischen verschiedenen Orten zu wechseln, tippen Sie auf und wählen den anderen Ort aus.
- Wenn Sie einen Ort entfernen wollen, wählen Sie ❸ und anschließend *Liste bearbeiten* ❹. Tippen Sie dann auf neben dem Ort.

11.4 Was sollten Sie im Ausland beachten

Das Smartphone ist natürlich auch im Urlaub ein wertvoller Begleiter. Allerdings kann es, wenn Sie Ihr Smartphone im Ausland (im Besonderen außerhalb der EU) so verwenden wie Zuhause, schnell teuer werden. Hier gibt es einiges zu beachten.

Stöbern Sie im App Store, ob es für das Urlaubsziel Apps zu Sehenswürdigkeiten, Wanderwegen oder Busnetzen gibt. Vielleicht benötigen Sie auch einen Währungsumrechner. Apps, die Sie für den Urlaub herunterladen, sollten nach Möglichkeit auch offline, also ohne Verbindung zum Internet, verwendbar sein. Das ist natürlich nicht immer möglich.

Was ist mit Roaming oder Daten-Roaming gemeint?

Wenn Sie ins Ausland reisen, verbindet sich Ihr Smartphone mit dem ausländischen Mobilfunknetz. Da Sie auf der Grundlage Ihres Vertrags in der Regel nur für die Nutzung des Mobilfunknetzes Ihres Anbieters bezahlen, fallen für die Verwendung des fremden Netzes zusätzliche Gebühren an, z. B. für Anrufe, die Sie erhalten oder tätigen, für das Surfen im Internet mit dem Smartphone oder für das Versenden von Nachrichten in WhatsApp.

Eine Möglichkeit, wie Sie diesen sogenannten Roaming-Gebühren im Ausland entgehen können, ist, das Smartphone nur zu nutzen, wenn dieses mit einem WLAN (z. B. das WLAN des Hotels) verbunden ist. Durch die EU-Roaming-Verordnung von 2017 soll mit diesen Zusatzkosten zumindest im EU-Ausland Schluss sein. Die Idee ist, dass Sie im EU-Ausland telefonieren, surfen oder Nachrichten verschicken und dabei nur den Tarif bezahlen, den Sie im Heimatland bezahlen würden.

Welche Regelung genau für Ihren Vertrag gelten, müssen Sie vor Reiseantritt mit Ihrem Anbieter oder durch Durchsicht Ihres Vertrags klären. Verlassen Sie sich nicht pauschal darauf, dass keine Roaming-Gebühren entstehen.

Die Mailbox - also der Anrufbeantworter Ihres Smartphones - sollte vor Reiseantritt ebenfalls deaktiviert werden. Auch das kann zusätzliche Kosten verursachen. Erkundigen Sie sich auch hier bei Ihrem Mobilfunkanbieter.

Eine Kreuzfahrt, die ist lustig ... Aber Achtung! Auf Schiffen oder in Flugzeugen gilt die EU-Roaming-Verordnung nicht. Hier können hohe Roaming-Gebühren anfallen. Auch das WLAN auf einem Kreuzfahrtschiff oder im Flugzeug kostet in der Regel extra.

Daten-Roaming aktivieren bzw. deaktivieren

Überprüfen Sie vor Antritt einer Auslandsreise ins Nicht-EU-Ausland, ob das Daten-Roaming ausgeschaltet ist. Bei ausgeschaltetem Daten-Roaming können Sie nicht im Internet surfen und erhalten auch keine WhatsApp-Nachrichten.

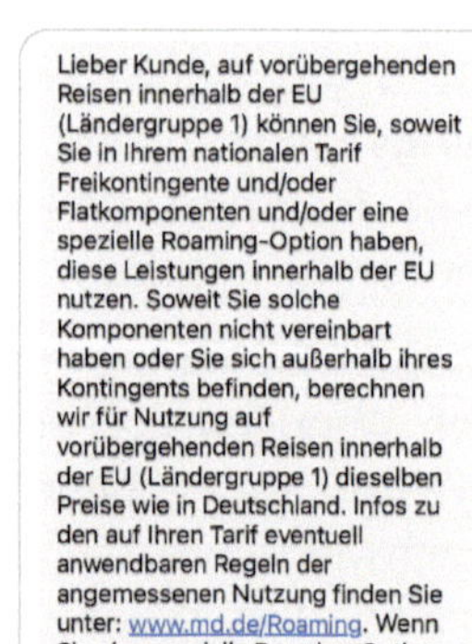
Lieber Kunde, auf vorübergehenden Reisen innerhalb der EU (Ländergruppe 1) können Sie, soweit Sie in Ihrem nationalen Tarif Freikontingente und/oder Flatkomponenten und/oder eine spezielle Roaming-Option haben, diese Leistungen innerhalb der EU nutzen. Soweit Sie solche Komponenten nicht vereinbart haben oder Sie sich außerhalb ihres Kontingents befinden, berechnen wir für Nutzung auf vorübergehenden Reisen innerhalb der EU (Ländergruppe 1) dieselben Preise wie in Deutschland. Infos zu den auf Ihren Tarif eventuell anwendbaren Regeln der angemessenen Nutzung finden Sie unter: www.md.de/Roaming. Wenn Sie eine spezielle Roaming-Option

Im EU-Ausland können Sie das Daten-Roaming in der Regel aktivieren. Sie erhalten von Ihrem Anbieter eine entsprechende SMS, die Sie über die geltenden Regelungen informiert.

- Öffnen Sie die *Einstellungen* und tippen Sie auf *Mobilfunk* ❶.
- Wählen Sie dann *Datenoptionen* ❷ aus.
- Ganz oben finden Sie nun Datenroaming. Im Bild rechts ist das Daten-Roaming ausgeschaltet ❸.

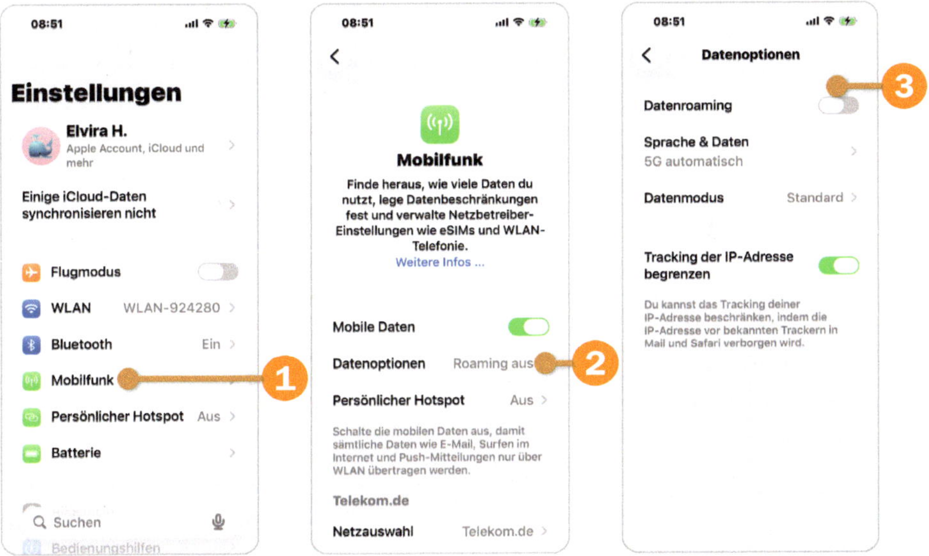

- Wenn Sie das Datenroaming einschalten möchten, ziehen Sie den Regler mit dem Finger nach rechts. Bestätigen Sie mit *Datenroaming aktivieren*.

Flugmodus

Im Flugmodus, auch Offline-Modus genannt, sind mobile Daten, WLAN und Bluetooth ausgeschaltet. Sie sind telefonisch nicht erreichbar und erhalten auch keine SMS oder WhatsApp-Nachrichten. Natürlich können Sie auch nicht im Internet surfen.

- Öffnen Sie das Kontrollzentrum, indem Sie vom rechten oberen Bildschirmrand nach unten wischen und tippen Sie auf Flugmodus ❶. Das Feld wird orange und ist somit aktiv ❷.

Sie sehen auch, dass der Flugmodus aktiv ist, am Flugzeugsymbol in der Statusleiste. Auf demselben Weg schalten Sie den Modus auch wieder aus.

Tipp! Nach dem Einschalten des Flugmodus ist Bluetooth aktiv, so können Sie beispielsweise mit einem Bluetooth-Kopfhörer Musik über das Smartphone hören. Wollen Sie die Option deaktivieren, tippen Sie auf das Symbol für Bluetooth ❸, dann auf *Bluetooth* und anschließend auf *Bluetooth-Einstellungen*.

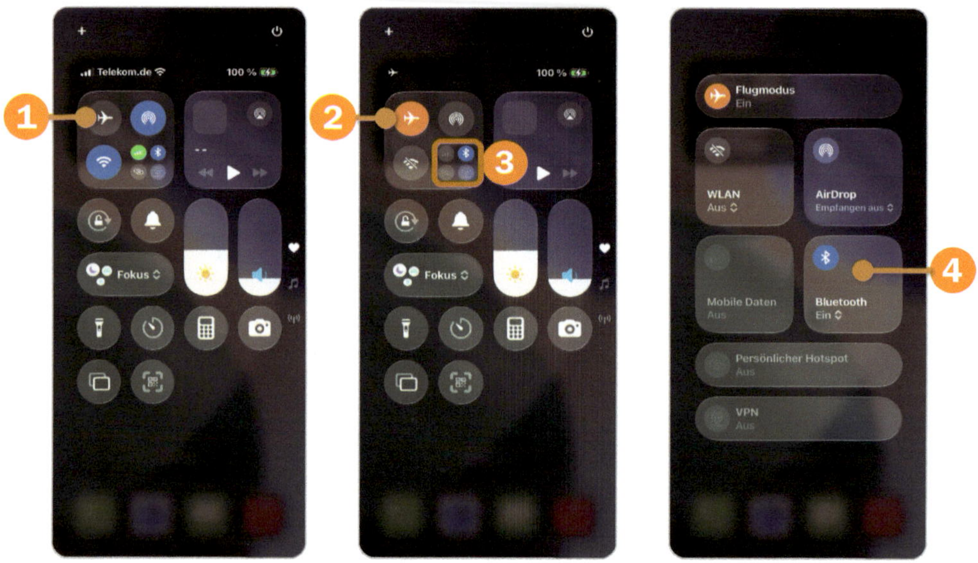

12 Daten übertragen

Der Umzug von einem Smartphone auf das nächste ist vielleicht ganz schnell geschehen. Manchmal treten Probleme auf und man muss sich überlegen, wie man zuverlässig alle Daten von einem auf das andere Smartphone übertragen kann. Den einen Weg gibt es nicht, da zu viele Faktoren in den Übertragungsprozess hineinspielen, z. B. Handymodell, installierte Apps, welche Daten werden synchronisiert usw. Vor dem Umzug sollten Sie dennoch einige Sicherungen einbauen:

Vorbereitung

- Jetzt ist ein guter Zeitpunkt, Ihr altes Smartphone aufzuräumen.
- Kopieren Sie Daten, wie z. B. Fotos oder Videos, via Datenkabel auf Ihren PC, wie auf Seite 137 beschrieben.
- Falls nicht vorhanden, erstellen Sie eine Liste aller verwendeten Konten mit E-Mail-Adresse und Kennwort: allen voran natürlich der Apple Account, aber auch alle Cloud-Speicher, die Sie in Gebrauch haben, und das Amazon-Konto etc.
- Back-ups sollten nach Möglichkeit regelmäßig erstellt werden.
- Fertigen Sie Screenshots (siehe Seite 146) von Ihren Startbildschirmen an und übertragen Sie diese ebenfalls auf Ihren PC. So haben Sie eine Vorlage, falls etwas schief geht.

Back-up

Ein Back-up, also die Sicherung Ihrer Daten auf einem externen Speicher, ist immer sinnvoll, nicht nur beim Wechsel des Smartphones. So haben Sie Zugriff auf Ihren Daten, auch wenn Sie Ihr Smartphone verlieren oder dieses kaputt geht. Am einfachsten ist die Nutzung eines Cloud-Speichers für die Sicherung, wie z. B. iCloud. Dieser Online-Speicherplatz mit einer Größe von 5 GB wird Ihnen kostenlos zur Verfügung gestellt. Eine kostenpflichtige Erweiterung ist möglich. Für die Sicherung in iCloud ist bereits das iCloud-Konto in Ihrem Profil auf dem Smartphone hinterlegt.

Die Sicherung auf iCloud haben Sie vielleicht bei der Einrichtung des Handys schon erlaubt. Falls nicht, gehen Sie so vor:

- Gehen Sie in die iPhone-*Einstellungen* und tippen Sie ganz oben auf Ihr Profil ❶.
- Wählen Sie den Punkt *iCloud* und anschließend *iCloud-Backup* ❷ aus. Ziehen Sie jetzt den Schalter bei *Backup dieses iPhone erstellen* ❸ auf *Ein*.
- Durch Antippen von *Backup jetzt erstellen* ❹ können Sie jederzeit eine Sicherung anstoßen.

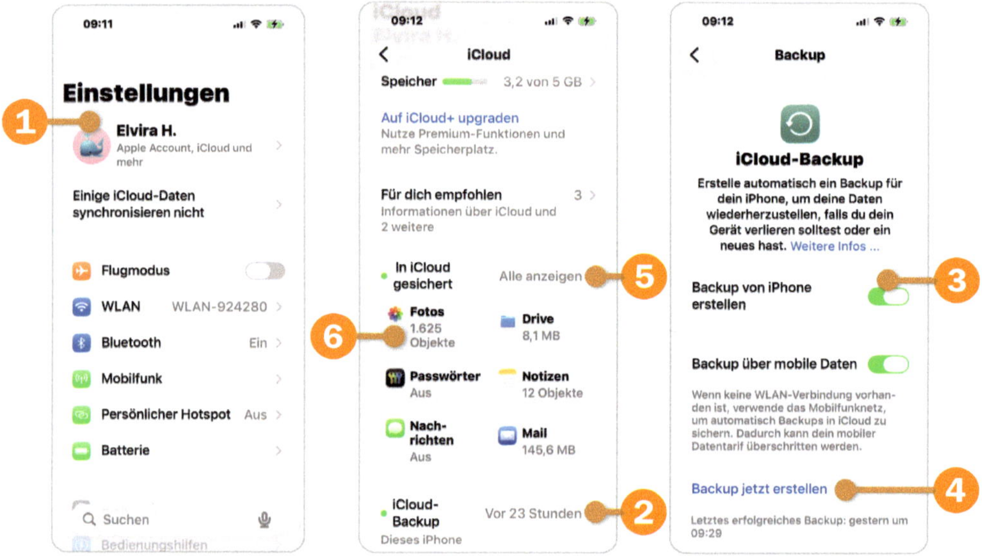

Darüber hinaus können Sie entscheiden, welche Apps gesichert werden sollen. Tippen Sie auf *Alle anzeigen* ❺ und ziehen Sie einfach die Schalter der Apps auf *Ein*, um sie zu aktivieren - oder umgekehrt. Die Apps, die Sie auf jeden Fall zum Back-up hinzufügen sollten, sind *Kontakte*, *Kalender*, *Erinnerungen*, *Notizen*, *Nachrichten* und *WhatsApp*.

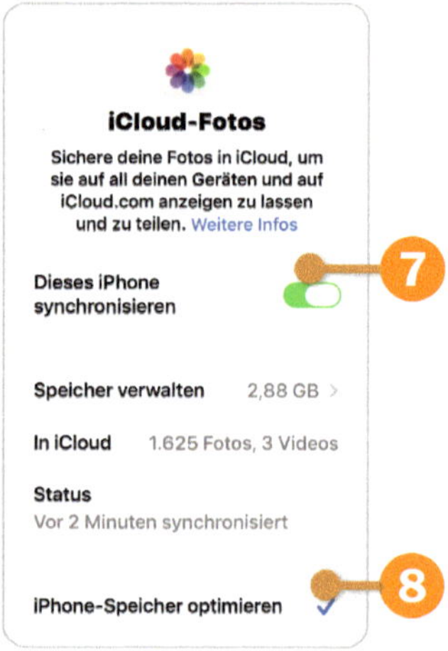

Um Fotos zu sichern, wählen Sie *iCloud-Fotos* ❻ aus und aktivieren Sie *Dieses iPhone synchronisieren* ❼. Um Speicher auf dem iPhone zu sparen, sollten Sie das Häkchen bei *iPhone-Speicher optimieren* ❽ belassen. Dann werden die Fotos/Videos auf dem

Gerät in voller Auflösung durch kleinere Versionen ersetzt und die Originale in die iCloud geladen.

Daten über ein iCloud-Backup übertragen

Wie Sie ein Backup erstellen, haben Sie gerade kennengelernt. Jetzt wird es Zeit, die gespeicherten Inhalte über iCloud auf das neue iPhone zu übertragen. Dazu brauchen Sie nur Ihr neues Smartphone.

- Schalten Sie das neue Gerät ein und beachten Sie die Schritte, wie auf Seite 31 beschrieben.
- Wir gehen davon aus, dass Sie Ihr altes iPhone nicht zur Hand haben und deswegen auf die Übertragung per iCloud zurückgreifen müssen. Tippen Sie bei *Schnellstart* auf *Manuell konfigurieren*. Im nächsten Abschnitt stellen wir Ihnen die Möglichkeit vor, das neue iPhone mit dem alten Gerät über die Schnellstart-Funktion zu koppeln und Daten zu übertragen.

- Verbinden Sie das Smartphone mit Ihrem WLAN. Hierzu wählen Sie aus der Liste der vorhandenen Netze das gewünschte aus und geben das Passwort ein. Tippen Sie dann auf *Verbinden*. Nach Verbindungsaufbau erhält das Netzwerk ein blaues Häkchen. Tippen Sie auf *Weiter*.
- Bestätigen Sie die Datenschutzerklärung mit *Weiter*.
- Konfigurieren Sie, wenn gewünscht *Face-ID* oder erstellen Sie einen *Code*, um das Smartphone zu entsperren.
- Tippen Sie bei *Apps und Daten* auf *Aus iCloud-Backup wiederherstellen* und geben Sie Ihre Apple-E-Mail-Adresse und das Passwort ein.

- Zur Verifikation wird Ihnen ein Code gesendet, der automatisch in die Felder eingetragen und dann ausgeführt wird.
- Stimmen Sie den *Geschäftsbedingungen* mit *Akzeptieren* zu.
- Geben Sie den Entsperrungscode Ihres alten iPhones ein.
- Wählen Sie das aktuelle Backup aus und tippen Sie dann auf *Fortfahren*.
- Tippen Sie bei *Siri* auf *Später konfigurieren* und bei Datenanalyse auf *Weiter* und anschließend auf *Nicht teilen*.
- Das Backup wird nun auf Ihr neues iPhone übertragen. Bestätigen Sie mit *Fortfahren*, sobald der Wiederherstellungsprozess beendet ist.
- Sollten Sie noch kein Face-ID oder keinen Code eingerichtet haben, haben Sie nun nochmals die Möglichkeit dazu.
- Fast fertig - bestätigen Sie die Nutzungsbedingungen und streichen Sie zum Starten des neu eingerichteten iPhones vom unteren Bildschirm nach oben.

Mit der Schnellstart-Funktion Daten übertragen

Mit der Schnellstart-Funktion können Sie Ihre Daten sehr simpel vom alten auf das neue iPhone zu übertragen. So gehen Sie vor:

- Achten Sie darauf, dass beide Smartphones aufgeladen sind und beim alten Smartphone Bluetooth aktiviert ist.
- Legen Sie beide Smartphones nebeneinander und entsperren Sie sie, indem Sie vom unteren Bildschirm nach oben wischen. Die Schnellstart-Funktion wird angezeigt. Tippen Sie auf *Weiter* ❶.
- Halten Sie das neue iPhone vor die Kamera des alten Smartphones und scannen Sie das Muster im Kreis ❷.
- Melden Sie sich mit Ihrem Apple Account an und wählen Sie das zuletzt gesicherte iCloud-Backup aus.
- Ihre Daten werden nun übertragen. Behalten Sie während der Übertragung beide Smartphones weiterhin nebeneinander und schalten Sie sie nicht aus.
- Beginnen Sie dann mit der Einrichtung Ihres neuen Smartphones, wie ab Seite 31 beschrieben.

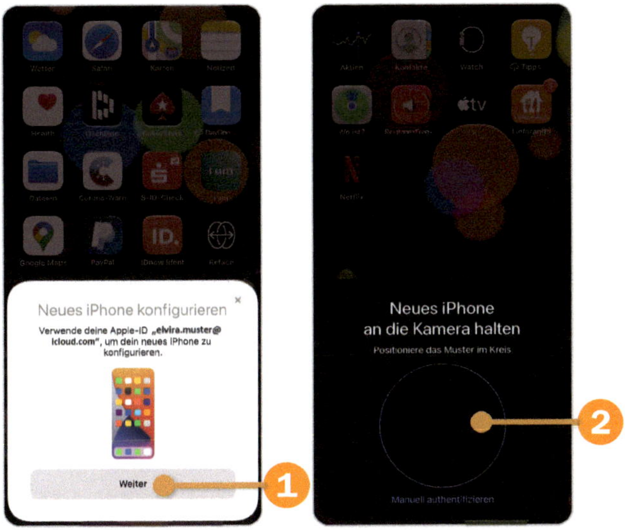

Achtung! Verlassen Sie sich nicht darauf, dass alles kopiert wurde. Kontrollieren Sie die Inhalte des neuen Smartphones, bevor Sie das alte Handy zurücksetzen.

Smartphone zurücksetzen

Sie sollten Ihr Smartphone erst zurücksetzen, wenn Sie kontrolliert haben, dass Ihr neues Smartphone alle gewünschten Daten enthält. Das Zurücksetzen auf Werkseinstellungen bedeutet, dass das Smartphone auf den Auslieferungszustand zurückgesetzt wird. Beim Einschalten des Smartphones muss dieses erneut eingerichtet werden.

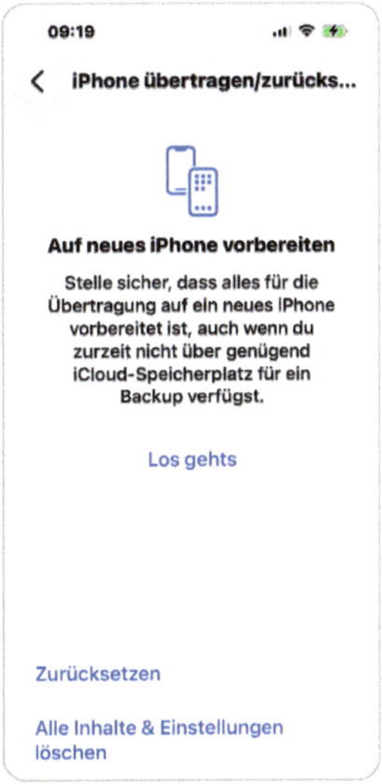

Öffnen Sie *Einstellungen* ▶ *Allgemein* ▶ *iPhone übertragen/zurücksetzen*. Tippen Sie auf *Alle Inhalte & Einstellungen löschen*. Bestätigen Sie mit *Fortfahren*. Danach wird noch ein Backup erstellt. Wenn dieser Prozess abgeschlossen ist, müssen Sie gegebenenfalls Ihr Apple-Account-Passwort eingeben, um die Aktivierungssperre zu deaktivieren. Tippen Sie dann auf *Deaktivieren* und anschließend auf *iPhone löschen*.

Glossar

Account	Englische Bezeichnung für ein Konto, z. B. ein E-Mail-Konto. Siehe Konto.
AI (KI)	Künstliche Intelligenz; Computerprogramme, die aus Daten lernen, Muster erkennen und Entscheidungen treffen können – ähnlich wie ein Mensch, aber automatisch und oft schneller.
App (Anwendung)	Der Begriff App ist eine Abkürzung der englischen Bezeichnung Application, zu deutsch Anwendung oder Programm. Im Gegensatz zu herkömmlichen Desktop-Anwendungen wurden die Windows Apps speziell für die Arbeitsoberfläche von Windows 10 entwickelt und für die Fingerbedienung optimiert.
App Store	Der Store von Apple für Apps und Spiele; manche sind kostenlos für andere muss bezahlt werden.
Apple Account	Der Apple Account ist Ihr persönliches Konto (früher als Apple-ID bezeichnet), mit dem verschiedene Apple-Dienste, z. B. App Store, iCloud, FaceTime etc. genutzt werden können.
Apple Intelligence	Apples integrierte Künstliche Intelligenz bietet Funktionen zur Textanalyse, sprachlichen Überarbeitung und Bildgenerierung.
Ausrichtungssperre	Wenn aktiv (im Kontrollzentrum einzustellen), passt sich das Display beim Drehen des Smartphones nicht an, d. h. der Inhalt dreht sicht nicht mit.
Automatische Sperre	Wenn Sie für kurze Zeit nichts am Smartphone machen, dann wird der Bildschirm ausgeschaltet und das Handy automatisch mit dem Sperrbildschirm geschützt. Diese Funktion nennt sich Automatische Sperre.

Back-up	Um dem Verlust Ihrer Daten, z. B. Fotos, Nachrichten, Musiktitel, Ebooks, etc. vorzubeugen, kopieren Sie diese auf ein externes Speichermedium. Diese Kopien werden als Back-up oder Datensicherung bezeichnet. Bei einem Defekt des Smartphones oder falls dieses verloren geht, haben Sie zumindest noch Ihre Daten. Sie können Ihre Daten beispielsweise in die iCloud (siehe iCloud) sichern oder auch auf Ihren Computer kopieren.
Bluetooth	Bluetooth ist eine Methode zur Datenübertragung via Funk über eine Distanz von nicht mehr als 10 Meter. Damit können Sie verschiedene Geräte kabellos miteinander verbinden, beispielsweise Ihr Smartphone mit Bluetooth-Kopfhörern oder einem -Lautsprecher, um Musik vom Handy zu übertragen. Durch Bluetooth können Sie auch Ihr Smartphone mit der Freisprechanlage im Auto verbinden oder mit einem anderen Smartphone.
Browser	Als Browser (engl. to browse = durchsuchen) bezeichnet man Apps, mit denen Sie im Internet surfen, z. B. Safari.
Chat	Als Chat bezeichnet man eine Unterhaltung bzw. einen Austausch von kleinen Textnachrichten über das Internet.
Datenvolumen	Als Teil Ihres Vertrags für Ihr Smartphone wird Ihnen ein bestimmtes Datenvolumen für den laufenden Monat zur Verfügung gestellt, z. B. 1 GB (ein Gigabyte). Dieses Datenvolumen verbrauchen Sie, wenn Sie nicht mit einem WLAN-Netzwerk verbunden sind und im Internet surfen oder WhatsApp verwenden.
Display	Unter Display versteht man den digitale Anzeigebereich, also der Bildschirm. Auf einem Touchdisplay können Eingaben mittels Antippen erfolgen.
Download	Download ist der englische Begriff für das Herunterladen von Daten aus dem Internet.

Drag & Drop	Funktionsbezeichnung für das Ziehen von Daten, Apps oder Ordner durch Antippen/Anklicken über den Display, um diese zu verschieben.
EDGE	Das kleine **E** in der Statusleiste des Smartphones steht für **E**nhanced **D**ata Rates for **G**SM **E**volution und bedeutet, dass Ihr Handy aktuell nur Empfang des Mobilfunknetzes der 2. Generation (GSM) hat. Anrufe und das Versenden von SMS sind noch möglich, die meisten Webseiten laden mit EDGE-Empfang jedoch nur sehr langsam oder gar nicht.
E-Mail	Eine E-Mail ist ein "elektronischer" Brief, der über das Internet versendet wird.
Emoji	Ein Emoji ersetzt insbesondere in Kurznachrichten, z. B. E-Mail und Chats längere Begriffe. Emojis können Gesichter bzw. Gesichtsausdrücke darstellen, aber auch Herzen, Gesten usw.
Emoticon	Als Emoticons (engl. Kofferwort aus emotion = Gefühl und icon = Symbol) werden bestimmte Zeichenfolgen bzw. Symbolkombinationen bezeichnet, die ähnlich wie Emojis Gefühle ausdrücken. Berühmtestes Beispiel ist der aus Doppelpunkt, Minus und schließender Klammer bestehende Smiley. :-)
Facebook	Facebook ist ein soziales Netzwerk, in dem man sich ein Mitgliederprofil erstellen und damit Texte, Fotos, Videos etc. hochladen kann. Außerdem ist es möglich, Inhalte zu bewerten und zu kommentieren und sie mit anderen Nutzern zu teilen.
FaceTime	Über FaceTime sind Sprach- und Videoanrufe zwischen Apple-Geräten möglich.
FAQs	Unter **F**requently **A**sked **Q**uestions findet man auf Webseiten und Shops im Internet einen Bereich mit häufig gestellten Fragen und deren Antworten.

Flatrate	Eine Flatrate ist ein Pauschaltarif, mit dem man zu einem monatlichen Fixpreis z. B. unbegrenzt telefonieren oder Daten aus dem Internet herunterladen kann.
Flugmodus	Aktivieren Sie den Flugmodus Ihres Smartphones werden alle Funkschnittstellen, wie die Telefonfunktion, Bluetooth, NFC oder WLAN, abgeschaltet.
GPS	Global Positioning System (Globales Positionsbestimmungssystem) bedeutet, dass Ihr aktueller Standort ermittelt wird. Um Akku zu sparen, sollten Sie es nur aktiviert haben, wenn Sie eine App mit dieser Funktion nutzen.
Hotspot	Ein Hotspot ist ein Internetzugangspunkt, über den sich Geräte drahtlos verbinden können. Öffentliche Hotspots bieten meist kostenloses WLAN, z. B. in Cafés oder Bahnhöfen. Ein persönlicher Hotspot nutzt die mobile Datenverbindung Ihres iPhones, um anderen Geräten über WLAN, Bluetooth oder USB Internet bereitzustellen – Ihr iPhone funktioniert dabei wie ein kleiner WLAN-Router für unterwegs.
iCloud	Als iCloud bezeichnet man die Nutzung eines Speicherplatzes über das Internet. Der Dienst wird von Apple zur Verfügung gestellt. Der Begriff „Cloud" (zu deutsch Wolke) rührt daher, dass für die Nutzer der genaue Ursprung und Speicherort nicht nachvollziehbar und undurchsichtig („im Nebel") ist. In der Cloud speichern bedeutet somit nichts anderes, als Daten nicht auf dem lokalen Speicher des eigenen Smartphones, sondern irgendwo auf einem anderen Computer im Internet zu speichern.
Icon	Ein grafisches Symbol, das auf dem Display die verschiedenen Apps, Dateien usw. darstellt.
Instagram	Instagram ist ein werbefinanzierter Onlinedienst zum Teilen von Fotos und Videos. Nutzer können ihre Fotos und Videos bearbeiten und mit Filtern versehen.

iTunes Store	iTunes Store ist eine App, in der Sie nach Musik, Filmen und TV-Sendungen stöbern können.
Konto	Ein Konto wird im Internet zur Nutzung verschiedener Angebote benötigt, z. B. E-Mail oder in Form eines Kundenkontos beim Einkaufen im Internet. Zu einem Konto gehören immer E-Mail-Adresse und ein Kennwort. Die E-Mail-Adresse ist weltweit einzigartig und erfüllt eine ähnliche Funktion wie die Kontonummer eines Bankkontos.
Kontrollzentrum	Über das Kontrollzentrum können Schnelleinstellungen vorgenommen werden, z. B. WLAN, Bluetooth, Flugmodus etc. aktivieren/deaktivieren, oder die Helligkeit des Display regeln. Zu erreichen ist das Kontrollzentrum, wenn man vom rechten oberen Bildschirmrand nach unten streicht.
Link (Hyperlink)	Als Link oder Hyperlink bezeichnet man einen Verweis auf eine Information, die sich an einem anderen Ort befindet. Ein Antippen eines Links genügt, um zu dieser Stelle zu gelangen. Auf diese Weise „surfen" Sie im Internet zwischen den unterschiedlichsten Seiten.
Liquid-Glass-Design	Neue, gläsern-wirkende Optik mit flüssigen Übergängen; Schaltflächen, Leisten und Symbole reagieren lebendig.
Live-Übersetzung	Unterhaltungen werden beim Tippen (Nachrichten) oder Sprechen (Telefon, FaceTime) in Echtzeit übersetzt und als Text oder als gesprochene Übersetzung ausgegeben.
LTE	LTE steht für Long Term Evolution und bezeichnet die vierte Generation des Mobilfunks, weshalb man auch häufig nur von 4G spricht. Die LTE-Technik ermöglicht schnellere mobile Internetverbindungen mit mehreren 100 Mbit/s im Download und 50 MB/s im Upload.
Mail (App)	App zum Empfangen und Versenden von E-Mails. Die E-Mail-Adresse (mit der Endung @icloud.com), die Sie bei der Einrichtung des Smartphones verwendet haben, ist hier bereits hinterlegt.

Malware	Als Malware, z. B. Viren, bezeichnet man eine Software, die entwickelt wurde, um in Systemen Schäden zu verursachen. Viren kann man sich unter anderem im Netz beim Surfen, beim Öffnen eines E-Mail-Anhangs etc. einfangen.
Megabit	Einheit mit der die Datenübertragungsgeschwindigkeiten angegeben wird. Ab einer Downloadgeschwindigkeit von ungefähr 25 Megabits pro Sekunde (Mbit/s oder auch MBps) gilt eine Internetverbindung am Handy als sehr schnell. Mit LTE sind theoretisch bis zu max. 500 Mbit/s möglich. Übrigens: Acht Megabits ergeben ein Megabyte.
Megabyte	Einheit zur Messung von Datengrößen (kurz MB). 1024 Megabyte entsprechen 1 Gigabyte (1 GB), 1 MB entsprechen 1024 Kilobytes und 1 KB sind 1024 Bytes.
Mediathek	Hier finden Sie alle Fotos und Videos automatisch nach Tagen, Monaten und Jahren gegliedert. In den Sammlungen bündelt die Fotos-App thematisch ähnliche Aufnahmen automatisch, z. B. Reisen, Personen, Haustiere, Dokumente oder Bildschirmfotos.
Mitteilungszentrale	In der Mitteilungszentrale werden Benachrichtigungen angezeigt, z. B. SMS, Erinnerungen, Kalendereinträge, verpasste Anrufe. Wenn Sie auf dem Home-Bildschirm vom oberen linken Rand nach unten wischen oder auf dem Sperrbildschirm mittig nach unten streichen, zeigt man sie an.
Online/Offline	Online bedeutet, dass Sie mit dem Internet verbunden sind. Offline hingegen ist das Gegenteil.
PDF	PDF steht für Portable Document Format. Es ist eine Art Datei, die dafür gemacht ist, Dokumente überall gleich aussehen zu lassen – egal ob auf dem Handy, Computer oder Tablet.
Pixel (Megapixel)	Als Pixel bezeichnet man die Bildpunkte, die zur Darstellung auf dem Bildschirm verwendet werden. Die Auflösung eines Bildschirms gibt die Anzahl der darstellbaren Pixel pro Zeile und Spalte an. Eine Million Pixel bilden zusammen ein Megapixel.

Playground	App, mit der man mithilfe von KI kreative Bilder aus Texten, Emojis oder Fotos erstellen kann.
Podcast	Ein Podcast ist ähnlich einer Radioshow eine Serie von Medienbeiträgen, wie Interviews, Meldungen, Reportagen, Comedy-Beiträgen usw., welche in bestimmten Abständen regelmäßig über Apps wie Spotify oder Apple Podcasts bezogen werden können.
QR-Code	QR steht für Quick Response (schnelle Antwort). Ein QR-Code liefert Informationen, wenn man ihn mit dem Smartphone einscannt, z. B. Webadressen, Telefonnummern etc.
Roaming	Mobilfunknutzung im Ausland, umfasst Telefonie, SMS und mobiles Internet. Innerhalb der EU fallen für Roaming in der Regel keine zusätzlichen Gebühren mehr an.
Router	Router sind kleine Geräte, die in einem lokalen, d. h. räumlich begrenzten Netzwerk die korrekte Übermittlung der Daten regeln und das Netzwerk mit dem Internet verbinden. Aus Sicherheitsgründen sollte jeder Router mit einem Kennwort gesichert werden.
Safari	Browser von Apple, mit dem Sie Seiten im Internet anzeigen.
Screenshot	Wenn man einen Screenshot macht, wird der aktuelle Bildschirminhalt abfotografiert und automatisch abgespeichert.
Scrollen	Als Scrollen bezeichnet man das horizontale und/oder vertikale Verschieben des sichtbaren Bildschirmausschnitts. Sie streifen dazu mit dem Finger über den Bildschirm.
SIM-Karte	Eine SIM-Karte verbindet Ihr Smartphone mit dem Mobilfunknetz – entweder als physische Karte oder als digitale eSIM. Sie sorgt dafür, dass Sie mit Ihrem Handy Anrufe tätigen, SMS senden und mobile Daten nutzen können. Bei neueren iPhones können sogar Notrufe über Satellit gesendet werden, wenn kein Netz verfügbar ist.

Signal (Messenger)	Signal ist ein freier und sicherer Messenger-Dienst, der von Sicherheitsexperten und Datenschützern empfohlen wird. Die Kommunikation erfolgt verschlüsselt. Zusätzlich haben die Betreiber der App keinerlei Zugriff auf Nutzerdaten.
SMS	Short Message Service ist ein Telekommunikationsdienst zur Übertragung von Textnachrichten, die meist Kurzmitteilungen oder SMS genannt werden. Das Verfassen von bzw. die Kommunikation via SMS wird umgangssprachlich als Simsen bezeichnet.
Siri	Mit diesem Dienst steuern Sie Ihr Smartphone via Sprachbefehl. Sie können sich einen Witz erzählen lassen, nach dem Wetter fragen oder Ihr Smartphone beauftragen eine Person anzurufen.
Spam	Nervige oder gar gefährliche Nachrichten, die Werbung oder sogar Viren auf Ihr Gerät zu schleusen versuchen. Meist wird mit billigen Produkten, Gewinnen oder dergleichen versucht, den Empfänger zu locken.
Standort	Wenn Sie die Standortermittlung zulassen, dann wird die Position Ihres Smartphones via GPS, WLAN und Mobilfunk ermittelt. Viele Apps (Wetter, Karten-App, Fahrpläne etc.) nutzen diese Standortinformationen, um Ihnen passgenaue Informationen anzubieten.
Streaming	Als Streaming wird die Wiedergabe von Audio- und Video-Inhalten über das Internet bezeichnet. Die wiedergegebenen Inhalte müssen hierzu nicht heruntergeladen werden. Klassische Streamingdienste sind beispielsweise die ARD Audiothek, Spotify, Audible, die ZDF Mediathek, Netflix oder Disney+.
Update	Sowohl Ihre Apps als auch die Software Ihres Handys erhält von Zeit zu Zeit Aktualisierungen, um Sicherheitslücken zu schließen, Fehler zu beheben, bestehende Funktionen zu verbessern oder neue hinzuzufügen.

WhatsApp	Schreiben Sie Nachrichten, versenden Sie Fotos oder telefonieren Sie mit der Familie mit Übertragung eines Videos. Diese App muss heruntergeladen werden.
Widget	Mit Widgets, beispielsweise die Wetter- oder Kalender-App, kann man sich eine Menge Zeit sparen, wenn man die Informationen einer App nur auf den ersten Blick abrufen kann. Widgets sind Apps, die man nicht öffnen braucht, um das Wichtigste zu sehen und man kann sie in verschiedenen Größen auf dem Startbildschirm anordnen.
WLAN	WLAN steht für Wireless Local Area Network, also ein kabelloses lokales Netzwerk. Für Zuhause haben Sie wahrscheinlich einen Router (Internetzugang über die Telefonleitung) oder ein Kabelmodem (Internetzugang über eine TV-Kabelverbindung) erhalten und eingerichtet. Mit diesem Gerät verbinden Sie Ihr Smartphone, aber auch den Computer, Laptop oder das Tablet und erhalten dadurch eine Verbindung zum Internet. Außerhalb eines WLANs verbindet sich das Smartphone über das Mobilfunknetz mit dem Internet (mobile Datenverbindung).
YouTube	Portal mit Videos zu fast allen Themen, kann kostenlos verwendet werden.
Zwei-Wege-Authentifizierung	Das ist ein zusätzlicher Sicherheitsschutz. Ein Account wird nicht nur durch ein Passwort geschützt, sondern durch eine weitere Abfrage.

Index

A

Adressbuch ... 97
Akkustand ... 57
Alarm ... 29
App ... 86
aktualisieren ... 95
App Store ... 86
Bücher ... 46
Einstellungen ... 43
erster Start ... 42
iTunes Store ... 46
Kalender ... 137
Kamera ... 122
löschen ... 91
Mail ... 112
Notizen ... 144
öffnen ... 41
Telefon ... 45, 102
True Tone ... 69
Uhr ... 140
YouTube ... 151
Apple Account ... 33
Apple Intelligence ... 47
App-Mediathek ... 38
App Store ... 86
Aufnahmemodus ... 126
Ausrichtungssperre ... 57
Auto-Korrektur ... 53
Automatische Sperre ... 67

B

Back-up ... 169
Bahn ... 163
Banner ... 84
Bedienelemente ... 30
Berechtigungen ... 85
Betriebssystem ... 10
Bildschirm drehen ... 153
Bildschirmfoto ... 146
Bildschirmtastatur ... 47
Blitz ... 125
Bücher ... 46
Bundesnetzagentur ... 14

C

Chat
WhatsApp ... 117
ChatGPT ... 48
Code ... 62
Cursor ... 50

D

Datenschutzbericht ... 59
Displayschutz ... 16
Displaysperre ... 62
Drehen, Bildschirm ... 153
Dringliche Mitteilungen ... 84
Dynamic Island ... 60

E

Eingabestift ... 16
Einstellungen ... 43
Einzelansicht, Fotos ... 129

E-Mail 112
Lesen *112*
Löschen *114*
Widerrufen *111*
Entsperren, iPhone 36, 64
Erinnerungen 76
Externer Akku 16

F

Face-ID 63
FaceTime 104, 109
Fingersteuerung 19
Flat 11
Flugmodus 167
Fokus 57
Foto
drehen *131*
Einzelansicht *129*
knipsen *122*
löschen *133*
scharfstellen *123*
übertragen PC *155*
zuschneiden *130*
Fotos-App 128
Frontkamera 30, 123

G

Geburtstag 98
Gehäuse 30
Geschenkkarte 89
Gesichtserkennung 63
Gesten 38
Gestensteuerung 17
Großbuchstaben 50
Gutschein 88

H

Haltegriff 16
Handyhalter 16
Handynummer vergessen 99
Haptik 53
Helligkeit 68
Heute-Ansicht 40
Hintergrundbild 70
Hintergrundpaar 80
Home-Bildschirm 71
Home-Button 17
Hülle 16

I

iMessage 108
iOS 10
iTunes Store 46

K

Kalender-App 137
Kamera 122
Karten 160
KI-Unterstützung 47
Kleinbuchstaben 50
Klingelton 71
Kontakte 97
abspeichern *97*
anrufen *102*
bearbeiten *99*
löschen *99*
Kontextmenü 19
Kontrollzentrum 56
Korrekturlesen 54

L

Ladegerät 15
Laufzeitvertrag 10
Lautstärke 154
Lautstärketaste 30
Leerzeichen 50
LTE 13

M

MagSafe 16
Mail 46
Mitteilungen 84
Mitteilungsstil 84
Mitteilungszentrale 56
MMS 110
Mobile Daten 57
Mobiles Netz 15

N

Navigation 38
Netzabdeckung 12
Night Shift 69
Notfallinformationen 101
Notfallkontakt hinterlegen 101
Notizen 144

O

Offline-Modus 167
Ordner anlegen 72
Orten, Smartphone 65

P

Papierkorb 133
Partnershop 12
PIN
SIM-Karte 61
Poster 99
Post-Ident 12
Powerbank 16
Prepaid-Karte 11
PUK 12

Q

QR-Code scannen 127
Querformat 153
Quick Panel 58

R

Rechtschreibung 54
Roaming 166
Route 160

S

Safari 46
Satzzeichen 50
Scharfstellen, Foto 123
Schnelleinstellungen
Helligkeit 68
Standort 58
True Tone 69
WLAN 58
Schreibtools 54
Screenshot 146
Screenshot-Bildersuche 147

Scrollen 19
Seitenverhältnis, Foto 124
Selfie 123
Sendeverzögerung 115
SIM-Karte 31
Siri 40
Smart-Stapel 77
SMS 108
Softwareupdate 92
Sonderzeichen 50
Sperrbildschirm 36
Sprachassistent 40
Spracheingabe 53
Sprachnachrichten 119
Sprach- und Videoanrufe 119
Standby-Modus 81
Standortdienst 57
Standortermittlung 22
Steuerung 36
Stummmodus 154

T

Taschenlampe 20
Tastatur 48
Tastatureinstellungen 53
Tastaturfeedback 53
Teilen 21
Telefon 102
Telefonnummer vergessen 99
Termin
löschen 139
vereinbaren 138
Texterkennung 51
Timer 143
Ton 154

U

Uhr 140
Umformulieren 55
Umschalt-Taste 50
Updates 92

V

Verfassen 55
Video
aufnehmen 125
löschen 133
übertragen PC 155
Video-Ident 11
Voicemail 105

W

Wecker stellen 141
Wetter 164
WhatsApp 115
einrichten 115
Nachricht senden 117
Sprachnachrichten 119
Sprach- und Videoanrufe 119
Widget 74
Erinnerungen 76
Stapel 77
Wetter 74
Widget-Felder 79
Wischen 19

Y

YouTube 151
YouTube Premium 152

Z

Zeilenschaltung 50
Zoomen 19
Zurücksetzen 173
Zusammenfassung 55